DEUTSCH ALS FREMDSPRACHE   NIVEAUSTUFE **A2**

Themen 2
aktuell

▶ **Kursbuch**

von

Hartmut Aufderstraße

Heiko Bock

Jutta Müller

und Helmut Müller

Hueber Verlag

Piktogramme

 Hörtext oder Hör-Sprech-Text auf CD oder Kassette (z.B. CD 1, Nr. 3)

 Lesen

 Schreiben

 Hinweis auf die Grammatikübersicht im Anhang (S. 128–146)

| 9. | 8. | 7. | | Die letzten Ziffern |
| 2017 | 16 | 15 | 14 | 13 | bezeichnen Zahl und Jahr des Druckes. |

Alle Drucke dieser Auflage können, da unverändert,
nebeneinander benutzt werden.
2. Auflage 2005
© 2003 Hueber Verlag GmbH & Co. KG, 85737 Ismaning, Deutschland
Umschlagfoto: © Eric Bach/Superbild, München
Zeichnungen: martin guhl www.cartoonexpress.ch
Druck und Bindung: Firmengruppe APPL, aprinta druck, Wemding
Printed in Germany
ISBN 978–3–19–001691–4

INHALT

INHALT

„Themen" und „Themen neu" – das ist eine Erfolgsgeschichte, wie sie kein anderes Lehrwerk für Deutsch als Fremdsprache für sich verbuchen kann. Das Geheimnis dieses Erfolgs ist sicher nicht in irgendeiner einzelnen Besonderheit zu suchen, sondern liegt in der gelungenen Kombination von methodischen, sprachlichen, textlichen und gestalterischen Qualitätsmerkmalen, die seit vielen Jahren die Kursleiterinnen und Kursleiter ebenso wie die Lernenden zu überzeugen vermögen.

„Themen" ist inzwischen, wir dürfen es wohl behaupten, zu einem Klassiker geworden. Das würde eigentlich bedeuten, dass man dieses Lehrwerk überhaupt nicht mehr verändern darf. Andererseits sorgt aber gerade seine unverwüstliche Langlebigkeit dafür, dass man die vertrauten Seiten vielleicht ein paar Mal zu oft gesehen hat und sich – bei aller Liebe – sozusagen einen neuen Anstrich wünscht. Zudem hat sich in den letzten Jahren auch die Welt in ein paar Punkten verändert.

Deshalb liegt jetzt das Lehrwerk „Themen aktuell" vor Ihnen. Die alten Qualitäten in neuem Gewand; und da, wo die gestrige Welt uns schon leicht befremdet hat, jetzt die heutige. Wir hoffen, dass „Themen aktuell" Ihrer Freude am Lernen und Unterrichten noch einmal zusätzlichen Auftrieb geben kann, und wünschen Ihnen viel Erfolg und viel Spaß dabei.

Autoren und Verlag

dick

dünn

traurig

fröhlich

hübsch

hässlich

Hut

Brille

blond

schwarzhaarig

Hemd

Bluse

Kleid

Rock

Hose

Strümpfe

Schuhe

AUSSEHEN

Drei Ehepaare

| uta | Brigitte | Peter | Hans | Eva | Klaus |

1. Wie sehen die Personen aus?

Peter ist klein und schlank. Er ist schon ziemlich alt. Ich glaube, er ist etwa … Jahre alt.

Hans ist …

alt	jung	blond	dünn
schlank	klein		groß
schwarzhaarig		dick	langhaarig

2. Wie finden Sie die Personen?

Brigitte sieht hübsch aus, finde ich.

Ich finde, Hans sieht sehr intelligent aus.

Eva …

nett	sympathisch	dumm	hässlich
attraktiv	nervös	ruhig	unsympathisch
gemütlich	lustig	schön	komisch	hübsch
freundlich	traurig	intelligent	langweilig

3. Vergleichen Sie die Personen.

§ 8

a) Vergleichen Sie:

Peter und Hans   Uta und Brigitte
Klaus und Peter   Brigitte und Eva
Hans und Klaus   Uta und Hans
Eva und Uta   Eva und Klaus

> Hans ist jünger als Peter.

> Klaus ist größer als Peter.

> Peter ist viel kleiner als Hans.

> Eva ist etwa so groß wie Uta.

> …

	größer	als
so	groß	wie

b) Wer ist am größten, kleinsten, jüngsten …?

Ich glaube, Peter ist am ältesten.
Eva ist am …

4. Wer ist wer?

1/1

a) Die Personen stellen sich vor. Hören Sie die Kassette und ergänzen Sie die fehlenden Informationen.

b) Was glauben Sie: Wer ist wer? Diskutieren Sie Ihre Lösung im Kurs.

62 Jahre	▨ Jahre	42 Jahre	45 Jahre	▨ Jahre	22 Jahre
▨ kg	75 kg	69 kg	▨ kg	56 kg	▨ kg
160 cm	176 cm	▨ cm	165 cm	176 cm	160 cm
Clown	Koch	Pfarrer	Sekretärin	Fotomodell	Verkäuferin
_____	_____	_____	_____	_____	_____

5. Die Personen auf dem Foto sind drei Ehepaare.

Was glauben Sie: Wer ist mit wem verheiratet?

6. Haben Sie ein gutes Gedächtnis?

Sehen Sie die drei Bilder eine Minute lang genau an.
Lesen Sie dann auf der nächsten Seite weiter.

§5

Hier sehen Sie Teile der Gesichter. Was gehört zu Bild A, was zu Bild B und was zu Bild C?

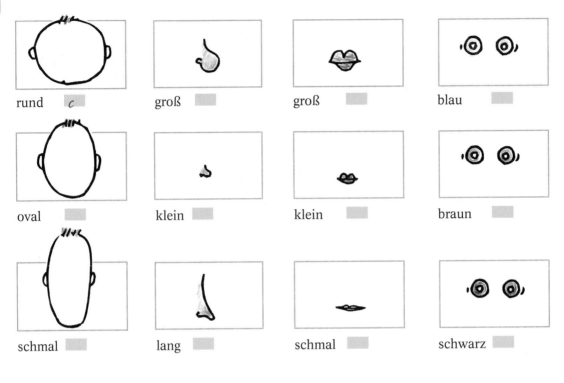

rund   c   groß ☐   groß ☐   blau ☐

oval ☐   klein ☐   klein ☐   braun ☐

schmal ☐   lang ☐   schmal ☐   schwarz ☐

Nominativ		
der	kleine	Mund
die	kleine	Nase
das	kleine	Gesicht
die	kleinen	Augen

> Das runde Gesicht, die große Nase, der kleine Mund und die blauen Augen sind von Bild …

> Ich glaube, die blauen Augen sind …

> Ich glaube, das runde Gesicht ist von Bild …

7. Familienbilder

a) Was hat der Sohn vom Vater, was hat er von der Mutter?

Den langen Hals und den großen Mund hat er von der Mutter.
Die große Nase hat er vom Vater.
Das schmale Gesicht hat er von der Mutter.
Die kurzen Beine und die dünnen Arme hat er vom Vater.
Den dicken …
Die …

§ 5

b) Und was haben die Kinder hier von Vater und Mutter?

rot

blau

grün

gelb

Akkusativ		
den	kleinen	Mund
die	kleine	Nase
das	kleine	Gesicht
die	kleinen	Augen

braun

schwarz

weiß

grau

8. Der neue Freund

a) Hören Sie zu. Was ist richtig?

1/2

Der neue Freund von Helga

☐ war Evas Ehemann.
☐ war Evas Freund.
☐ ist Evas Freund.

b) Was sagen Anne und Eva?

Unterstreichen Sie die richtigen Adjektive.

Anne sagt:
Der neue Freund von Helga ist ...
sehr dumm/attraktiv/nett/unsportlich/
ruhig/freundlich.

Eva sagt:
Er ist ...
intelligent/groß/dick/klein/nervös/
elegant/sportlich.

Dumme Sprüche? Kluge Sprüche?

1/3

„Eine rothaarige Frau hat viel Temperament."

„Reiche Männer sind meistens langweilig."

„Eine schöne Frau ist meistens dumm."

„Ein kleiner Mann findet schwer eine Frau."

„Dicke Kinder sind gesünder."

„Ein schöner Mann ist selten treu."

„Dicke Leute sind gemütlich."

„Kleine Kinder, kleine Sorgen – große Kinder, große Sorgen."

„Eine intelligente Frau hat Millionen Feinde – die Männer."

„Ein voller Bauch studiert nicht gern."

„Stille Wasser sind tief."

„Ein bescheidener Mann macht selten Karriere."

9. Stimmt das?

Das	finde	ich	nicht.
	glaube		auch.
	meine		

Das ist doch	nicht wahr.
	nicht richtig.
	Unsinn.
	ein Vorurteil.

| In meinem Land | sagt man: … |
| Bei uns | |

10. Was meinen Sie?

Nominativ		
ein	reicher	Mann
eine	reiche	Frau
ein	reiches	Mädchen
–	reiche	Leute

Eine gute Freundin ist …

Junge Kollegen sind …

Ein netter Chef …

> §5

Ein	nett…	Freundin	ist	immer	lustig.
Eine	blond…	Chef	sind	meistens	nett.
	schlank…	Chefin		oft	gefährlich.
	hübsch…	Mensch		manchmal	freundlich.
	jung…	Kollege		selten	intelligent.
	verheiratet…	Kollegin		nie	interessant.
	ledig…	Mutter			komisch.
	neu…	Lehrer			…
	…	Nachbar			
		…			

DER MODE-TIPP

Leserinnen finden ihren Stil.

So ist Anke Hansen (28, Postangestellte) zu uns gekommen: lange Haare, runde Brille, dezente Kleidung. Wir waren der Meinung: Anke hat zu wenig Mut zur Farbe. Der dunkle Rock und die dunkle Jacke sind zu konservativ für die sympathische junge Frau. Auch die langweilige Frisur steht ihr nicht.

So gefällt uns Anke viel besser: Sie hat einen kurzen modischen Rock gekauft, dazu eine grüne Jacke und rote Strümpfe. Jetzt trägt sie keine Brille mehr, sondern weiche Kontaktlinsen. Durch die kurze Frisur und ein dezentes Make-up wirkt Ankes Gesicht jünger und freundlicher.

vorher

nachher

11. Wie hat Anke vorher ausgesehen? Wie sieht Anke jetzt aus?

Vorher hatte Anke lange Haare, jetzt hat sie kurze Haare.

Vorher hatte Anke einen langen Rock, jetzt trägt sie …

Akkusativ		
einen	weißen	Rock
eine	weiße	Bluse
ein	weißes	Kleid
–	weiße	Schuhe

die Jacke   die Haare   die Schuhe

die Bluse   die Kontaktlinsen

die Brille   die Kleidung   das Make-up

die Strümpfe   die Frisur   der Rock

weich   rot   rund   kurz

jung   gelb   dezent

weiß   lang   sportlich

§5

12. Wer ist das?

● Er trägt einen schwarzen
Anzug, ein weißes Hemd,
eine gelbe Krawatte und
schwarze Schuhe.
Wer ist das?

■ Das ist Rolf.
Sie trägt einen braunen
Rock, schwarze ... Wer ...

▲ Das ist ...

Was für	einen	Anzug?
	eine	Hose?
	ein	Kleid?
Was für		Schuhe?

Anne
Andreas
Dörte
Rolf
Leo
Werner
Leonie
Daniela

13. Was für ein ...?

● Was für einen Anzug trägt Rolf?

■ Einen schwarzen.
Was für Schuhe trägt Andreas?

▲ Blaue.
Was für ...

14. Welche Kleidungsstücke passen zusammen?

● Die schwarze Jacke, das weiße Hemd,
die blaue Krawatte und die schwarze Hose.

■ Die weiße Hose, ...

15. Was ziehen Sie an?

a) Sie möchten zur Arbeit ins Büro gehen.

   ● Was ziehen Sie an?
   ■ Den roten Rock, die weiße ..., ...

b) Sie möchten spazieren gehen.

c) Sie möchten zu Hause im Wohnzimmer
sitzen und fernsehen.

d) Sie möchten zu einer Hochzeit gehen.

ein Bekannter von Dieter

ein Kollege von Dieter

Dieters Schwester

Dieters Vater

Dieters Mutter

eine Freundin von Cornelia

ein Onkel von Cornelia

Cornelias Bruder

Cornelias Mutter

Cornelias Vater

Sag mal, wer ist das denn?

Wen meinst du?

Den Mann in dem weißen Anzug, mit den blonden Haaren und der roten Brille.

Das ist Cornelias Bruder.

16. Hören Sie die drei Dialoge. Über welche Personen sprechen die beiden? Markieren Sie die Personen in der Zeichnung.

17. Spielen Sie jetzt ähnliche Dialoge. Sie können folgende Sätze verwenden.

● Kennst du | den Mann | da? Wer ist das?
           | die Frau
Wer ist das da? Weißt du das?

■ Wen | meinst du?
  Welche Frau
  Welchen Mann
  Welche Person

● Den | kleinen | Mann | in der blauen Hose und dem weißen Hemd.
     | ... | | in dem schwarzen Rock und der roten Bluse.
  Die | schlanke | Frau | mit den roten Haaren. / mit ... Brille. / ...
     | ...

■ Ach, | den | meinst du. Das ist | Cornelias Bruder. / eine Tante von Dieter. /
     | die | | der Vater von Cornelia. / ...

● Kennst du | ihn? | ■ Ja, | er | ist | sehr nett.
         | sie? | | sie | | ...

§ 1

Der Psycho-Test
Sind Sie tolerant?

1. **Sie gehen im Park spazieren und sehen dieses Liebespaar.**
   Was denken Sie?   Punkte
   a) Diese alten Leute sind doch verrückt!   0
   b) Wunderbar. Liebe ist in jedem Alter schön.   2
   c) Gut. Aber müssen das alle Leute sehen?   1

2. **Bei diesen Leuten macht der Mann die Hausarbeit.**
   Was meinen Sie dazu?
   a) Wo ist das Problem?   2
   b) Dieser arme Mann!   0
   c) Diese Frau hat wirklich ein schönes Leben.   1

3. **Sie sehen dieses Kind in einem Restaurant.**
   Was denken Sie?
   a) Manche Eltern können ihre Kinder nicht richtig
      erziehen.   0
   b) Alle Kinder essen so.   1
   c) Essen muss jeder Mensch erst lernen.   2

4. **Dieser Mann ist der Englischlehrer Ihrer Tochter.**
   Was denken Sie?
   a) Das ist jedenfalls gesünder als Autofahren.   2
   b) In jedem Mann steckt ein Kind.   1
   c) Dieser Mann ist sicher kein guter Lehrer.   0

5. **Sie stehen an der Bushaltestelle. Da sehen Sie diesen Wagen.**
   Was sagen Sie zu Ihrer Freundin?
   a) Dieser Wagen braucht doch sicher viel Benzin.   1
   b) Manche Leute haben zu viel Geld.   0
   c) Vielleicht ist die Frau privat ganz nett.   2

6. **Ihre Nachbarn feiern bis zum Morgen. Es ist sehr laut.**
   Was tun Sie?
   a) Ich rufe die Polizei an.   0
   b) Ich lade Freunde ein und feiere auch.   2
   c) Ich gehe in ein Hotel.   1

Artikelwörter			
Singular		**Plural**	
der	Mann	die	Männer
dieser		diese	
mancher		manche	
jeder		alle	

Ergebnis

9 bis 12 Punkte
Sie sind sehr tolerant. Sicher
haben Sie viele Freunde, denn Sie
sind ein offener und angenehmer
Typ.

5 bis 8 Punkte
Sie sind ein angenehmer
Mensch, aber Sie sind nicht
wirklich tolerant. Viele Probleme
sind Ihnen egal.

0 bis 4 Punkte
Sicher sind Sie ein ehrlicher, genauer
und pünktlicher Mensch, aber Sie
haben starke Vorurteile. Sie
kritisieren andere Menschen sehr oft.

Ein junger Arbeitsloser in Stuttgart bekommt vom Arbeitsamt kein Geld. Warum? Den Beamten dort gefällt sein Aussehen nicht.

Jeden Morgen geht Heinz Kuhlmann, 23, mit einem Ei ins Badezimmer. Er will das Ei nicht essen, er braucht es für seine Haare. Heinz trägt seine Haare ganz kurz, nur in der Mitte sind sie lang – und rot. Für eine Irokesenfrisur müssen die langen mittleren Haare stehen. Dafür braucht Heinz das Ei.

Kein Geld für Irokesen

„In Stuttgart habe nur ich diese Frisur", sagt Heinz. Das gefällt ihm. Das Arbeitsamt in Stuttgart hat eine andere Meinung. Heinz bekommt kein Arbeitslosengeld und keine Stellenangebote. Ein Angestellter im Arbeitsamt hat zu ihm gesagt: „Machen Sie sich eine normale Frisur. Dann können Sie wiederkommen." Ein anderer Angestellter meint: „Herr Kuhlmann sabotiert die Stellensuche." Aber Heinz Kuhlmann möchte arbeiten. Sein früherer Arbeitgeber, die Firma Kodak, war sehr zufrieden mit ihm. Nur die Arbeitskollegen haben Heinz das Leben schwer gemacht. Sie haben ihn immer geärgert. Deshalb hat er gekündigt. Bis jetzt hat er keine neue Stelle gefunden. Die meisten Jobs sind nichts für ihn, das weiß er auch: „Verkäufer in einer Buchhandlung, das geht nicht. Dafür bin ich nicht der richtige Typ."

Heinz will arbeiten, aber Punk will er auch bleiben. Gegen das Arbeitsamt führt er jetzt einen Prozess. Sein Rechtsanwalt meint: „Auch ein arbeitsloser Punk muss Geld vom Arbeitsamt bekommen." Heinz Kuhlmann lebt jetzt von ein paar Euro. Die gibt ihm sein Vater.

(Michael Ludwig)

18. Was ist richtig?

Heinz Kuhlmann …

- ☐ ist ein Punk.
- ☐ ist arbeitslos.
- ☐ ist 19 Jahre alt.
- ☐ arbeitet in einer Buchhandlung.
- ☐ hat eine Irokesenfrisur.

- ☐ hat bei seiner alten Firma gekündigt.
- ☐ bekommt viele Stellenangebote vom Arbeitsamt.
- ☐ bekommt kein Arbeitslosengeld.
- ☐ hat gelbe Haare.
- ☐ führt einen Prozess gegen das Arbeitsamt.

19. Eine Fernsehdiskussion. Hören Sie zu und ordnen Sie.

1/5

A ☐
Arbeiten oder nicht, das ist mir egal. Meinetwegen kann er so verrückt aussehen. Das ist mir gleich. Das ist seine Sache. Dann darf er aber kein Geld vom Arbeitsamt verlangen. Ich finde, das geht dann nicht.

B ☐
Das stimmt, aber er hat selbst gekündigt. Das war sein Fehler.

C ☐
Sicher, er hat selbst gekündigt, aber warum ist das ein Fehler? Er möchte ja wieder arbeiten. Er findet nur keine Stelle. Das Arbeitsamt muss also zahlen.

D ☐
Wie können Sie das denn wissen? Kennen Sie ihn denn? Sicher, er sieht ja vielleicht verrückt aus, aber Sie können doch nicht sagen, er will nicht arbeiten. Ich glaube, er lügt nicht. Er möchte wirklich arbeiten.

E ☐
Das finde ich nicht. Der will doch nicht arbeiten. Das sagt er nur. Sonst bekommt er doch vom Arbeitsamt kein Geld. Da bin ich ganz sicher.

F *1*
Das Arbeitsamt hat recht. Die Frisur ist doch verrückt! Wer will denn einen Punk haben? Kein Arbeitgeber will das!

G ☐
Da bin ich anderer Meinung. Nicht das Aussehen von Heinz ist wichtig, sondern seine Leistung. Sein alter Arbeitgeber war mit ihm sehr zufrieden. Das Arbeitsamt darf sein Aussehen nicht kritisieren.

20. Welches Argument spricht für, welches gegen Heinz?

	für Heinz	gegen Heinz
Kein Arbeitgeber will einen Punk haben.	▦	▦
Nicht das Aussehen ist wichtig, sondern die Leistung.	▦	▦
Heinz hat selbst gekündigt. Das war sein Fehler.	▦	▦
Heinz möchte bestimmt wieder arbeiten.	▦	▦
Heinz möchte in Wirklichkeit nicht wieder arbeiten.	▦	▦
Sein alter Arbeitgeber war mit ihm sehr zufrieden.	▦	▦
Das Arbeitsamt darf sein Aussehen nicht kritisieren.	▦	▦

21. Diskutieren Sie: Muss Heinz sein Aussehen ändern oder muss das Arbeitsamt zahlen?

● Ich finde, Heinz muss seine Frisur ändern.

▦ *Da bin ich anderer Meinung.*
Das Aussehen ist doch nicht wichtig ...

■ *Genau!* Kein Arbeitgeber will einen Punk haben.

▲ *Das stimmt, aber ...*

▲ *Da bin ich nicht sicher.*
Sein alter Arbeitgeber ...

Das	stimmt.	Genau!	Das stimmt,	aber ...
	ist richtig.	Einverstanden!	Sicher,	
	ist wahr.	Richtig!	Sie haben recht,	

Da bin ich anderer Meinung.	Da bin ich nicht sicher.	Da bin ich ganz sicher.
Das finde ich nicht.	Das glaube ich nicht.	Das können Sie mir
Das stimmt nicht.	Wie können Sie das wissen?	glauben.
ist falsch.	Wissen Sie das genau?	Das weiß ich genau.
ist nicht wahr.	Sind Sie sicher?	

Die Wahrheit

1/6

● Übrigens – du hast eine schiefe Nase, weißt du das?

■ Ich, eine schiefe Nase …? Also, das hat mir noch keiner gesagt!

● Das glaub' ich gern. Wer sagt einem schon die Wahrheit! Aber wir sind ja Freunde, oder …?

■ Ja, ja, gewiss … Übrigens – du hast ziemlich krumme Beine.

● Krumme Beine? – Wer? Ich?

■ Ja, ganz deutlich. Weißt du das denn nicht? Entschuldige, aber als dein Freund darf ich dir doch mal die Wahrheit sagen, oder …?

● Ja, ja, schon … Aber, ehrlich gesagt, die Wahrheit interessiert mich gar nicht so sehr.

■ Offen gesagt, mich interessiert sie auch nicht besonders.

● Na siehst du! Ich schlage vor, wir reden nicht mehr darüber.

■ Einverstanden! Vergessen wir das Thema!

● Deine schiefe Nase ist schließlich nicht deine Schuld.

■ Stimmt! Und du kannst schließlich auch nichts für deine krummen Beine.

● Schiefe Nase oder nicht – du bist und bleibst mein Freund.

■ Danke! Und ich finde auch: Besser ein krummbeiniger Freund als gar keiner.

SCHULE

AUSBILDUNG

BERUF

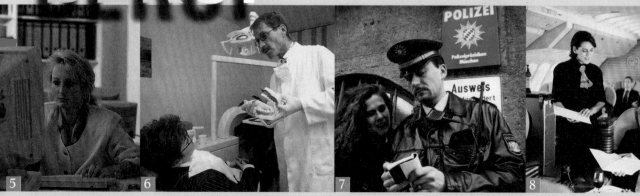

1 der Kindergarten ◆ 2 die Schule ◆ 3 das Studium / die Universität ◆ 4 die Lehre ◆
5 Sekretärin ◆ 6 Zahnarzt ◆ 7 Polizist ◆ 8 Stewardess

Das will ich werden

Zoodirektor

Das ist ein schöner Beruf. Ich habe viele Tiere.

Die Löwen sind gefährlich. Aber ich habe keine Angst. Peter, 9 Jahre

Politiker

Ich bin oft im Fernsehen. Ich habe ein großes Haus in Berlin. Der Bundeskanzler ist mein Freund.

Klaus, 10 Jahre

Sportlerin

Ich bin die Schnellste in der Klasse. Später gewinne ich eine Goldmedaille.

Gabi, 9 Jahre

Fotomodell

Das ist ein interessanter Beruf. Ich habe viele schöne Kleider. Ich verdiene viel Geld.

Sabine, 8 Jahre

Nachtwächter

Dann arbeite ich immer nachts. Ich muss nicht ins Bett gehen. Ich habe einen großen Hund.

Paul, 8 Jahre

Dolmetscherin

Ich verstehe alle Sprachen. Dieser Beruf ist ganz wichtig. Ich kann oft ins Ausland fahren.

Julia, 10 Jahre

1. Wer hat was geschrieben?

›
§ 22

Sabine: Ich will Fotomodell werden, weil ich dann viel Geld verdiene.

_____ : _____ , weil ich dann alle Sprachen verstehe.

_____ : _____ , weil ich dann oft im Fernsehen bin.

_____ : _____ , weil der Beruf ganz wichtig ist.

_____ : _____ , weil ich dann nicht ins Bett gehen muss.

_____ : _____ , weil ich dann viele Tiere habe.

_____ : _____ , weil ich dann schöne Kleider habe.

2. Fragen Sie Ihren Nachbarn.

- Warum will Paul Nachtwächter werden?
- Weil er dann immer nachts arbeitet und weil …
- Und warum will Gabi …?
- Weil …
- …

Nebensatz mit „weil"	
Das ist ein schöner Beruf.	
… weil das ein schöner Beruf	ist.
Ich habe dann schöne Kleider.	
… weil ich dann schöne Kleider	habe.

Heute (Präsens)
Ich will Ingenieur werden.

Früher (Präteritum)
Ich wollte Ingenieur werden.

3. Was wollten Sie als Kind werden? Warum?

Ballerina	Kapitän	Cowboy	Eisverkäufer	Schauspielerin	Lehrer
Popsänger	Stewardess	Boxer	Rennfahrer	Arzt	Astronaut

›
§ 19

Ich wollte Lehrerin werden, weil meine Mutter Lehrerin war.

Ich wollte…, weil …

LEKTION 2|2

Leser-Umfrage
Sind Sie mit Ihrem Beruf zufrieden?

**Anke Voller,
22 Jahre,
Verkäuferin**

Nein, gar nicht. Eigentlich wollte ich Friseurin werden. Ich habe auch die Ausbildung gemacht und danach drei Jahre in einem großen Friseursalon gearbeitet. Aber dann habe ich eine Allergie gegen Haarspray bekommen und musste aufhören. Jetzt habe ich eine Stelle als Verkäuferin gefunden – in einem Supermarkt. Aber das macht mir keinen Spaß; ich kann nicht selbstständig arbeiten und verdiene auch nicht viel. Deshalb suche ich im Augenblick eine neue Stelle.

**Florian Gansel,
28 Jahre,
Landwirt**

Meine Eltern haben einen Bauernhof, deshalb musste ich Landwirt werden. Das war mir schon immer klar, obwohl ich eigentlich nie Lust dazu hatte. Mein jüngerer Bruder hat es besser. Der durfte seinen Beruf selbst bestimmen, der ist jetzt Bürokaufmann. Also, ich möchte auch lieber im Büro arbeiten. Meine Arbeit ist schmutzig und anstrengend, und mein Bruder geht jeden Abend mit sauberen Händen nach Hause.

**Werner Schmidt,
48 Jahre,
Taxifahrer**

Leider nicht. Ich war Maurer, aber dann hatte ich einen Unfall und konnte die schwere Arbeit nicht mehr machen. Jetzt arbeite ich als Taxifahrer, weil ich keine andere Arbeit finden konnte. Ich muss oft nachts und am Wochenende arbeiten, und wir haben praktisch kein Familienleben mehr. Deshalb bin ich nicht zufrieden, obwohl ich ganz gut verdiene.

**Paula Mars,
25 Jahre,
Stewardess**

Ja. Ich sollte Zahnärztin werden, weil mein Vater Zahnarzt ist und eine bekannte Praxis hat. Aber ich wollte nicht studieren, ich wollte die Welt sehen. Ich bin jetzt Stewardess bei der Lufthansa. Das ist ein toller Beruf: Ich bin immer auf Reisen und lerne viele interessante Menschen kennen. Das macht mir sehr viel Spaß, obwohl es an manchen Tagen auch anstrengend ist.

4. Wer ist zufrieden? Wer ist unzufrieden? Warum?

§ 28

Name	Beruf	zufrieden?	warum?
Anke V.	Verkäuferin	nein	kann nicht selbstständig arbeiten, …
Florian G.			
Werner S.			
Paula M.			

Anke Voller ist Verkäuferin. Sie ist unzufrieden, weil sie nicht selbstständig arbeiten kann und nicht viel verdient.

Florian Gansel ist …

5. wollte – sollte – musste – konnte – durfte.

§ 19

Welches Modalverb passt?

a) Anke Voller _____ Friseurin werden, aber sie _____ nicht lange in diesem Beruf arbeiten, weil sie eine Allergie bekommen hat. Deshalb _____ sie den Beruf wechseln.

b) Florian Gansel _____ eigentlich nicht Landwirt werden, aber er _____, weil seine Eltern einen Bauernhof haben. Sein Bruder _____ Bürokaufmann werden.

c) Werner Schmidt _____ eine andere Arbeit suchen, weil er einen Unfall hatte. Eigentlich _____ er nicht Taxifahrer werden, aber er _____ nichts anderes finden.

d) Paula Mars _____ eigentlich nicht Stewardess werden. Ihr Vater _____ noch eine Zahnärztin in der Familie haben. Aber sie _____ lieber reisen.

Präteritum			
	wollte …		wollte …
	konnte …		konnte …
Ich	durfte …	Er/Sie	durfte …
	sollte …		sollte …
	musste …		musste …

6. Zufrieden oder unzufrieden?

wenig Arbeit haben	schwer arbeiten müssen	viele Länder sehen	nicht arbeiten müssen

eine anstrengende Arbeit haben   viel Geld verdienen   in die Schule gehen müssen

keine Freizeit haben

Er	ist	zufrieden,	weil …
Sie		unzufrieden,	obwohl …

schlechte Arbeitszeiten haben

nachts arbeiten müssen   eine schmutzige Arbeit haben   einen schönen Beruf haben

nach Hause gehen wollen   viel Arbeit haben   reich sein   viel Geld haben

7. Wollten Sie lieber einen anderen Beruf? Haben Ihre Freunde ihren Traumberuf?

Das Schulsystem

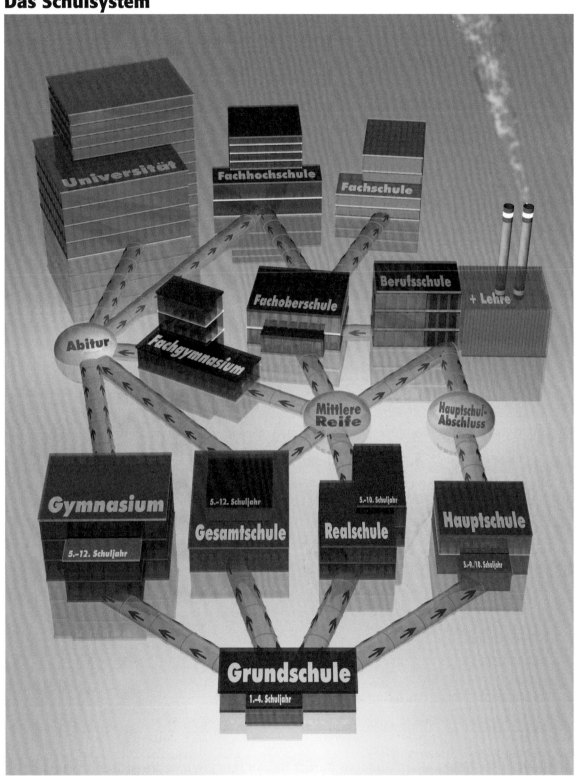

Werner-Heisenberg-Gymnasium Garching

Jahreszeugnis

(Vornamen, Familienname)

geboren am _____ in _____

hat im Schuljahr 2001/02 die Klasse 8e des Gymnasiums _____ besucht.

Bemerkungen über Anlagen, Mitarbeit und Verhalten:

Katharina zeichnete sich stets durch lobenswertes Verhalten aus. Ihre Mit-

arbeit verdient Anerkennung. --

Leistungen:

Religionslehre (RK) ..	gut	Geschichte	befriedigend
Deutsch	befriedigend	Erdkunde	befriedigend
Latein (2. Fremdsprache)	ausreichend	Sozialkunde	----------
Griechisch (Fremdsprache)	----------	Ethik	----------
Englisch (1. Fremdsprache)	befriedigend	Wirtschafts- und Rechtslehre .	gut
Französisch (Fremdsprache)	----------	Kunsterziehung	gut
Mathematik	ausreichend	Musik	gut
Physik	befriedigend	Sport	----------
Chemie	----------		
Biologie	befriedigend		

Die Schülerin hat am Wahlunterricht Gebundenes Sachzeichnen mit befriedi-

gendem Erfolg teilgenommen. --

Die Erlaubnis zum Vorrücken in die nächsthöhere Jahrgangsstufe hat   sie ---   erhalten.

Garching, 31. Juli 2002

Schulleiter   Klassenleiter

Dr. Ulrich Hauner, Oberstudiendirektor

Notenstufe: sehr gut, gut, befriedigend, ausreichend, mangelhaft, ungenügend

---

Staatliche Realschule Ismaning
Staatliche Realschule

Schuljahr 2001/02   Wahlpflichtfächergruppe ___   Klasse 6E

Zwischenzeugnis
für

Leistungen in Pflicht- und Wahlpflichtfächern

Religionslehre (r.-k.)		Sozialkunde	
Ethik	1	Betriebswirtschaftslehre/ Rechnungswesen	---
Deutsch	---	Sozialwesen	---
Englisch	2	Sport	---
Französisch	2	Musik	3
Mathematik	---	Kunsterziehung	3
Informatik	2	Werken	3
Physik	---	Technisches Zeichnen	---
Chemie	---	Textiles Gestalten	
Biologie	---	Haushalt und Ernährung	---
Erziehungskunde	2	Textverarbeitung	---
Geschichte	---	Textverarbeitung mit Kurzschrift..	---
Erdkunde	3	Informationstechnologie	
Wirtschaft und Recht	1		

Die Mitarbeit des Schülers ist stets lobenswert, sein Verhalten sehr aner-

kennenswert. --

Ismaning, 15. Februar 2002

Schulleiterin   Klassenleiterin

Ch. Nicklas, RSRin   Fr. Birkholz

Kenntnis genommen:

Ismaning, 15.2.02

(Ort, Datum)

(Unterschrift der/des Erziehungsberechtigten)

Notenstufen: insehr gut, 2=gut, 3=befriedigend, 4=ausreichend, 5=mangelhaft, 6=ungenügend

---

8. Was ist richtig? Korrigieren Sie die falschen Aussagen.

Das Schulsystem in der Bundesrepublik Deutschland   Richtig

a)   Die Grundschule dauert in Deutschland fünf Jahre.

b)   Jedes Kind muss die Grundschule besuchen. Wenn man die Grundschule
     besucht hat, kann man zwischen Hauptschule, Realschule, Gymnasium
     und Gesamtschule wählen.

c)   In Deutschland gibt es nicht an allen Schulen die gleichen Zeugnisnoten.

d)   Wenn man studieren will, muss man das Abitur machen.

e)   Das Abitur kann man auf der Realschule machen.

f)   Wenn man den Realschulabschluss oder den Hauptschulabschluss gemacht
     hat, kann man auch noch auf das Gymnasium gehen.

g)   Auf der Hauptschule kann man eine Lehre machen.

h)   Alle Schüler müssen auf die Hauptschule gehen.

9. Berichten Sie über das Schulsystem in Ihrem Land.

§2

Alle Kinder müssen … Jahre die Schule besuchen.   Jedes Kind kann …
Jedes Kind kann sich die Schule aussuchen.   Manche Schüler …
Die meisten Kinder besuchen die …   Die …schule dauert … Jahre.
Es gibt Zeugnisnoten von … bis …   Wenn man studieren will, muss man …

10. Manfred Zehner, Realschüler

Das 9. Schuljahr ist zu Ende. Manfred Zehner hat jetzt verschiedene Möglichkeiten. Er kann

a) noch ein Jahr zur Realschule gehen.
b) auf das Gymnasium oder auf die Gesamtschule gehen.
c) mit der Schule aufhören und eine Lehre machen.
d) mit der Schule aufhören und eine Arbeit suchen.

Manfred überlegt die Vor- und Nachteile.

›
§ 23

a) Wenn er noch ein Jahr zur Realschule geht, dann | bekommt er den Realschulabschluss.
kann er noch kein Geld verdienen.
…

b) Wenn er auf das Gymnasium geht, dann | kann er …
…

c) Wenn …

d) Wenn …

Nebensatz	Hauptsatz
Wenn er eine Lehre macht,	– verdient er Geld.
	dann verdient er Geld.

+ einen richtigen Beruf lernen
+ den Realschulabschluss bekommen
+ das Abitur machen können
+ schon gleich Geld verdienen können
– später keinen richtigen Beruf haben
– noch mindestens vier Jahre kein Geld verdienen
– noch kein Geld verdienen
– später nicht studieren können

11. Manfred Zehner und seine Eltern

1/7

a) Hören Sie zu.
b) Was stimmt nicht? Korrigieren Sie den Text.

Manfred will mit der Schule aufhören, weil er ein schlechtes Zeugnis hat. Er will eine Internet-Firma aufmachen. Manfreds Vater findet diese Idee gut. Er sagt: „Dafür braucht man kein Studium." Manfreds Mutter sagt zu ihrem Mann: „Sei doch nicht so dumm! In einem Jahr hat Manfred einen richtigen Schulabschluss." Manfred kann auch auf das Gymnasium gehen und dann studieren. Das möchte er aber nicht, weil Akademiker so wenig Geld verdienen.

c) Machen Sie mit Ihrem Nachbarn ein Rollenspiel: Ihre Schwester (Ihr Bruder) will mit der Schule aufhören, aber sie (er) hat noch kein Abschlusszeugnis.

Akademiker heute – ohne Zukunft?

Immer mehr Hochschulabsolventen finden nach dem Studium keine Arbeit. In zehn Jahren, so schätzt das Arbeitsamt, gibt es für 1,1 Millionen neue Hochschulabsolventen nur 450 000 freie Stellen.

Die Studenten wissen das natürlich, und die meisten sehen ihre Zukunft nicht sehr

Conny Ahrens, 21, 4. Semester, studiert Germanistik in Kiel „Was soll ich denn sonst machen?"

optimistisch. Trotzdem studieren sie weiter. „Was soll ich denn sonst machen?", fragt die Kieler Germanistikstudentin Conny Ahrens. Ihr macht das Studium wenig Spaß, weil der Konkurrenzkampf heute schon in der Uni beginnt.

Für andere Studenten wie Konrad Dehler (23) ist das kein Problem: „Auch an der Uni

Konrad Dehler 23, 6. Semester, studiert Wirtschaft an der Universität Göttingen „Ich werde nicht arbeitslos, ich schaffe es bestimmt."

muss man kämpfen. Man muss besser sein als die anderen, dann findet man schon eine Stelle." Zukunftsangst kennt er nicht: „Ich werde nicht arbeitslos, ich schaffe es bestimmt."

Vera Röder (27) hat es noch nicht geschafft. Sie hat an der Universität Köln Psychologie studiert. Obwohl sie ein gutes Examen gemacht hat, ist sie immer noch arbeitslos. „Ich habe schon über 30 Bewerbungen geschrieben, aber immer war die Antwort negativ. Man sucht vor allem Leute mit Berufserfahrung, und die habe ich noch nicht."

Obwohl sie schon 27 Jahre alt ist, wohnt sie immer noch bei ihren Eltern. Eine eigene

Vera Röder, 27, ist Diplom-Psychologin und sucht eine Stelle. „Ich habe schon 30 Bewerbungen geschrieben, aber immer war die Antwort negativ."

Wohnung ist ihr zu teuer. Denn vom Arbeitsamt bekommt sie kein Geld, weil sie noch nie eine Stelle hatte. Das Arbeitsamt kann ihr auch keine Stelle anbieten. Vera Röder weiß nicht, was sie machen soll. Sie arbeitet zurzeit 20 Stunden pro Woche in einem Kindergarten. „Die Arbeit dort ist ganz interessant, aber mein Traumjob ist das nicht. Wenn ich in drei Monaten noch keine Stelle habe, dann gehe ich wahrscheinlich wieder zur Uni und schreibe meine Doktorarbeit." Aber auch für Akademiker mit einem Doktortitel ist die Stellensuche nicht viel einfacher.

12. Was passt zusammen?

Immer mehr Studenten sind nach dem Examen arbeitslos,	studiert sie nicht gern.
Weil es Konkurrenzkämpfe zwischen den Studenten gibt,	aber eine Stelle hat sie noch nicht gefunden.
Obwohl Conny Ahrens keinen Spaß am Studium hat,	weil sie noch nie gearbeitet hat.
Konrad Dehler hat keine Zukunftsangst,	weil sie Geld braucht.
Vera Röder wohnt bei ihren Eltern,	studiert sie trotzdem weiter.
Vera Röder arbeitet im Kindergarten,	findet sie keine Stelle.
Wenn Vera Röder in den nächsten Monaten keine Stelle findet,	weil sie noch keine Berufserfahrung hat.
Vom Arbeitsamt bekommt Vera Röder kein Geld,	möchte sie wieder studieren.
Vera Röder hat schon 30 Bewerbungen geschrieben,	obwohl sie schon 27 Jahre alt ist.
Obwohl Vera Röder ein gutes Examen gemacht hat,	weil es zu viele Akademiker gibt.
Die Antworten auf Vera Röders Bewerbungen waren negativ,	weil er besser ist als die anderen Studenten.

13. Beschreiben Sie die Situation von Vera Röder.

Vera ist …
wohnt …
hat … studiert
sucht …
hat … gemacht

hat … geschrieben
bekommt …
arbeitet …
möchte …

Sie findet keine Stelle, weil …
Obwohl sie …
Das Arbeitsamt …

14. Beschreiben Sie die Situation von Jörn.

Realschulabschluss, 17 Jahre, möchte Automechaniker werden, Eltern wollen das nicht („schmutzige Arbeit"), soll Polizist werden (Beamter, sicherer Arbeitsplatz), Jörn will aber nicht, selbst eine Lehrstelle gesucht, letzten Monat eine gefunden, Beruf macht Spaß, aber wenig Geld …

15. Welche Schule haben Sie besucht? Was haben Sie nach der Schule gemacht?

Prüfung gemacht

die …schule besucht

in … / bei … gearbeitet

Diplom gemacht

eine Lehre gemacht

eine Reise gemacht

… Jahre zur Schule gegangen

studiert

im Ausland gewesen

eine Stelle als … gefunden

geheiratet

Stellenangebote

Alko-Dataline

sucht eine **Sekretärin** für die Rechnungsabteilung

Wir – sind ein Betrieb der Elektronikindustrie
– arbeiten mit Unternehmen im Ausland zusammen
– bieten Ihnen ein gutes Gehalt, Urlaubsgeld, 30 Tage Urlaub, Betriebskantine, ausgezeichnete Karrierechancen
– versprechen Ihnen einen interessanten Arbeitsplatz mit Zukunft, aber nicht immer die 5-Tage-Woche

Sie – sind ca. 25–30 Jahre alt und eine dynamische Persönlichkeit
– sprechen perfekt Englisch
– arbeiten gern im Team
– lösen Probleme selbstständig
– möchten in Ihrem Beruf vorwärtskommen

Rufen Sie unseren Herrn Waltemode unter der Nummer 20 03 56 an oder schicken Sie uns Ihre Bewerbung.

Alko-Dataline

Industriestr. 27, 63073 Offenbach

Wir sind ein Möbelunternehmen mit 34 Geschäften in ganz Deutschland. Für unseren Verkaufsdirektor suchen wir dringend eine

Chefsekretärin

mit mehreren Jahren Berufserfahrung.

Wir bieten einen angenehmen und sicheren Arbeitsplatz mit sympathischen Kollegen, gutem Betriebsklima und besten Sozialleistungen. Wenn Sie ca. 30–35 Jahre alt sind, gut mit dem Computer schreiben und selbstständig und allein arbeiten können, bewerben Sie sich bei:

Baumhaus KG

Postfach 77, 63454 Hanau am Main
Telefon (06181) 3 60 22 39

Unser Betrieb wird immer größer. Unsere internationalen Geschäftskontakte werden immer wichtiger. Deshalb brauchen wir eine zweite

Chefsekretärin

mit guten Sprachkenntnissen in Englisch und Spanisch. Zusammen mit Ihrer Kollegin arbeiten Sie direkt für den Chef des Unternehmens. Sie bereiten Termine vor, sprechen mit Kunden aus dem In- und Ausland, besuchen Messen, schreiben Verträge, mit einem Wort: Auf Sie wartet ein interessanter Arbeitsplatz in angenehmer Arbeitsatmosphäre. Außerdem bieten wir Ihnen: 13. Monatsgehalt, Betriebsrente, Kantine, Tennisplatz, Schwimmbad.

Böske & Co. Automatenbau
Görickestraße 1–3, 64297 Darmstadt

---

16. Was für eine Sekretärin suchen die Firmen? Was bieten die Firmen?

Alko-Dataline	Böske & Co.	Baumhaus KG
Die Firma bietet: – ein gutes Gehalt – …	Die Firma bietet: – einen interessanten Arbeitsplatz – …	Die Firma bietet: – einen angenehmen und sicheren Arbeitsplatz – …
Die Sekretärin soll: – 25–30 Jahre alt sein – …	Die Sekretärin soll: – gute Sprachkenntnisse in Englisch und Spanisch haben – …	Die Sekretärin soll: – mehrere Jahre Berufserfahrung haben – …

> §2, 9

Firma Böske & Co.
Personalabteilung
Görickestr. 1-3
64297 Darmstadt

5. 2. 03

Bewerbung als Chefsekretärin
Ihre Anzeige vom 4.2.2003 in der Frankfurter Allgemeinen
Zeitung

Sehr geehrte Damen und Herren,

ich bewerbe mich hiermit um die Stelle als Chefsekretärin in
Ihrer Firma. Seit 1995 arbeite ich als Sekretärin bei der Firma
Euro-Mobil in Offenbach. Ich möchte gerne selbstständiger
arbeiten und suche deshalb eine neue Stelle mit interessante-
ren Aufgaben.
Über eine baldige Antwort würde ich mich sehr freuen.

Mit freundlichen Grüßen

Petra Maurer
Petra Maurer

Lebenslauf

Name	Maurer, geb. Pott
Vornamen	Petra Maria Barbara
geboren am	16.8.1975
in	Aschaffenburg/Main
01.09.1981– 24.06.1985	Grundschule in Bergen-Enkheim
30.08.1985– 30.06.1988	Schillergymnasium in Frankfurt/M.
04.09.1988– 17.05.1991	Brüder-Grimm-Realschule in Frankfurt/M. Realschulabschluss
01.10.1991– 03.06.1993	Dolmetscherinstitut in Mainz (Englisch / Spanisch)
15.09.1993– 10.02.1995	Sprachpraktikum in den USA
seit 01.04.1995	Sekretärin bei Fa. Euro-Mobil – Import/Export, Offenbach
14.03.1998	Heirat mit dem Exportkaufmann Jochen Maurer
01.09.2000– 30.06.2001	Abendschule (Sekretärinnenkurs) Abschlussprüfung vor der Industrie- und Handelskammer: geprüfte Sekretärin
jetzige Stelle:	Sekretärin bei Fa. Euro-Mobil

Datum		
der erste	April	(Welcher Tag?)
am ersten	April	(Wann?)
seit dem ersten	April	(Seit wann?)
vom ersten	April	(Wie lange?)
bis zum ersten	Mai	

17. Beschreiben Sie den Lebenslauf von Petra Maurer.

Vom 1. September 1981 bis zum 24. Juni 1985 hat sie …
Am … hat sie den Realschulabschluss gemacht.
Seit dem …
…

18. Petra Maurer beim Personalchef der Firma Böske & Co.

Hören Sie das Gespräch. Was ist richtig?

b) Petra kann
☐ nur sehr schlecht Spanisch.
☐ nur Spanisch sprechen, aber nicht schreiben.
☐ Spanisch sprechen und schreiben.

c) Petra hat nur drei Jahre das Gymnasium besucht,
☐ weil sie kein Abitur machen wollte.
☐ weil sie dort schlechte Noten hatte.
☐ weil sie Dolmetscherin werden wollte.

a) Petra war in den USA
☐ bei Freunden.
☐ in einem Sprachinstitut.
☐ zuerst in einem Institut und dann bei Freunden.

d) Petra ist nach Deutschland zurückgekommen,
☐ weil sie kein Geld mehr hatte.
☐ weil sie krank war.
☐ weil sie nicht länger bleiben wollte.

19. Welche Stelle soll ich nehmen?

Petra Maurer spricht mit einer Freundin. Hören Sie zu und ergänzen Sie die Notizen. Welche Vorteile, welche Nachteile findet sie bei den Angeboten?

1/9

	Alko-Dataline Offenbach	Baumhaus KG Hanau	Böske & Co. Darmstadt
+	kann Chefsekretärin werden	...	...
–	...	...	...

gute Busverbindung

erst morgens um 9 Uhr anfangen

35 km zur Arbeit

Kollegen sehr nett

13. Monatsgehalt

Chefsekretärin sehr unsympathisch

muss samstags arbeiten

fast 50 km zur Arbeit

Chef sehr unsympathisch

20. Was finden Sie im Beruf am wichtigsten?

Wunschliste für den Beruf

Welches sind die wichtigsten Gründe für die Berufswahl? Das Institut für Arbeits- markt- und Berufsforschung hat darüber eine Umfrage gemacht; dabei haben von je 100 befragten Personen angegeben:

Sicherer Arbeitsplatz	76
Guter Verdienst	58
Soziale Sicherheit	50
Interessante Arbeit	40
Gute Kollegen	38
Leichte Arbeit	32
Kurze Fahrt	28
Karriere	23
Selbstständige Arbeit	22
Prestige	21
Viel Freizeit	19

Viel Geld, viel Freizeit, eine inter- essante Arbeit, gute Karriere- chancen und nette Kollegen möchte natürlich jeder gerne haben. Aber alles zusammen, das gibt es selten. Wenn Sie wählen müssen: Was ist für Sie wichtiger? Ein sicherer Arbeitsplatz oder ein gutes Einkommen? Interessante Arbeit oder viel Freizeit? Nette Kollegen oder eine selbstständi- ge Arbeit? Gute Karrierechancen oder eine kurze Fahrt zum Arbeitsort?

❯
§ 7

Am wichtigsten Sehr/Ziemlich/Nicht so wichtig Wichtig/Unwichtig Wichtiger / Viel wichtiger als	finde ich ...	einen sicheren Arbeitsplatz. eine interessante Arbeit. eine kurze Fahrt zur Arbeit. ein gutes Einkommen. genug/viel Freizeit. / nette Kollegen. / ...

Wenn	ich nicht selbstständig arbeiten kann, die Arbeit ... / die Kollegen ... das Einkommen ... / ...	macht mir die Arbeit keinen Spaß. ...

Was nützt mir ..., wenn ...?

Die Arbeit / Das Einkommen / Die Kollegen / ...	muss/müssen darf/dürfen auf keinen Fall	unbedingt auf jeden Fall	interessant nett/...	sein.

Das ist die Hauptsache. Alles andere ist nicht so wichtig.

Und bin so arbeitslos als wie zuvor

● Also, Herr Nienhoff – ähm, – Herr Dr. Nienhoff, Sie wollen bei uns Hausbote werden …

■ Ja, das möchte ich sehr gern.

● Wollten Sie immer schon Hausbote werden?

■ Immer vielleicht nicht, aber … Sie wissen ja, ich habe lange studiert …

● … Zwanzig Semester!

■ Ja, zwanzig Semester, und …

● … und zwar Philosophie!

■ Ja, zwanzig Semester Philosophie. Na ja, und dann hab' ich geheiratet, und dann kamen auch bald zwei Kinderchen, wie das so geht im Leben.

● Ja, ja, aber warum denn jetzt Hausbote? Ich meine, Sie haben zehn Jahre studiert, haben sogar promoviert …?

■ Ich weiß, es ist vielleicht ungewöhnlich. Aber ich sehe das heute anders, es war für mich einfach ein notwendiger Umweg.

● Ein notwendiger Umweg – zum Hausboten?

■ Ja. Ich konnte lange nachdenken, und dann wusste ich, nach zehn Jahren: Es gibt für mich nur einen Beruf – Hausbote.

● Und woher wussten Sie das – nach zehn Jahren?

■ Weil ich das Nachdenken leid war und weil mir eines plötzlich sehr klar wurde: Wichtiger als das Nachdenken ist die Bewegung. Ich muss jetzt endlich mal meine Beine bewegen.

● Ich verstehe … Herr Nienhoff – ähm, Herr Dr. Nienhoff. Leider ist die Hausbotenstelle inzwischen besetzt. Doch heute wurde eine andere Stelle frei, in unserer Telefonzentrale …

LEKTION 3

1 die Nachrichten ◆ 2 das Quiz ◆ 3 der Spielfilm ◆ 4 die Kindersendung ◆
5 das Theaterstück ◆ 6 der Krimi ◆ 7 der Straßenkünstler

UNTERHALTUNG

Sa 11. 1.   Das Programm

ARD

9.00 Tagesschau
9.05 Schloss Hohenstein
10.00 Tagesschau und Wetter
10.03 Brisant
10.25 Julia – eine
  ungewöhnliche Frau
11.15 Lustige Musikanten
12.00 Uhr Tagesschau um
  zwölf
12.15 Mittagsmagazin
13.45 Wirtschaftstelegramm
14.00 Tagesschau
14.03 Pia und Mia
  Kinderfilm
15.00 Tagesschau
15.03 Spaß am Dienstag
  Zeichentrickfilme
15.30 Das gibt es doch nicht!
  Magazin. Bilder, Menschen
  und Geschichten

Unter anderem wird in dieser
Folge gezeigt, wie der
Indianerhäuptling Mato-Topo
zu seinem Platz auf diesem
Denkmal gekommen ist …
16.00 Tagesschau
16.03 Die Trickfilmschau
16.45 ARD-Ratgeber
17.15 Tagesschau
17.25 Regionalprogramme
  mit Werbung
20.00 Tagesschau
20.15 Abenteuer Mount
  Everest
  Bergsteiger auf dem höchsten
  Berg der Welt
21.00 Panorama
  Politisches Magazin
21.45 Dallas
  Hochzeit auf Southfork
22.30 Tagesthemen
23.00 Tatort Fakten, Fakten.
  BRD 2002
0.35 Tagesschau

ZDF

9.00 Heute
9.03 Denver
  Alexis kommt zurück.
  Wiederholung
9.45 Medizin nach Noten
10.00 Tagesschau
10.03 Gesundheitsmagazin
  Praxis
  Wiederholung von
  Donnerstag
10.45 100 Meisterwerke
  Paul Gauguin:
  Tag des Gottes
11.00 Tagesschau
11.03 Columbo
  Wer zuletzt lacht …
12.55 Presseschau
13.00 Tagesschau
13.05 Mittagsmagazin
13.45 Ein Fall für TKKG
  Ein Revolver in der Suppe.
  Kinder-Krimiserie
14.30 Europäische
  Universitäten
  7. Teil: Heidelberg
15.00 Zirkusnummern
  Spaß mit Tieren
16.15 Wicki und die starken
  Männer Zeichentrickserie
17.00 Heute – Aus den Bundesländern
17.15 Teleillustrierte
17.45 ALF Eine Katze zum
  Frühstück
19.00 Heute
19.30 Gangster und Ganoven
  Reportage über das
  Bahnhofsviertel in Frankfurt
20.15 Anatomie Horrorfilm mit
  Franka Potente. BRD 2000
21.45 Heute-Journal
22.10 Deutschland-Magazin
  Berlin – die schwierige
  Hauptstadt
22.55 Miranda
  Talkshow
  mit Peter Lindner
23.55 ZDF Sport extra
  Fußball DFB-Pokal
0.45 Heute – letzte
  Nachrichten

RTL

6.00 Hallo Europa – Guten
  Morgen Deutschland
  Nachrichtenmagazin
9.20 Liebe in Wien
  Filmkomödie von 1953
11.00 Unterhaltung und
  Serien
  Riskant! Spielshow
11.30 Showladen
  Einkaufsmagazin
12.00 Der Preis ist heiß
  Gewinnshow
12.35 Polizeibericht
  US-Krimiserie
13.00 RTL aktuell
13.10 Der Hammer
  US-Krimiserie
13.35 California Clan
  US-Serie
14.25 Die Springfield-Story
  US-Serie
15.10 Die wilde Rose
  Mexikanische Kurzfilme
15.52 RTL aktuell
  Nachrichten / Wetter
15.55 Pop-Time
  Aktuelles aus der Rock-
  und Pop-Szene
16.45 Riskant! Spielshow
17.10 Der Preis ist heiß
  Gewinnshow
17.45 Sterntaler Filmquiz
17.55 RTL aktuell
18.00 Der Sechs-Millionen-
  Dollar-Mann
  US-Actionserie
18.45 RTL aktuell
  Nachrichten / Sport / Wetter
19.10 Knight Rider
  US-Actionserie
20.15 Kevin – Allein zu Haus
  Komödie. USA 1990
21.50 Explosiv
  Magazin mit Olaf Kracht
22.45 Familiengericht
  Gerichtsserie
23.40 RTL aktuell
23.50 Es geschah am
  hellichten Tag
  Schweizer Kriminalfilm
1.50 Aerobics

3Sat

14.30 Johann Sebastian Bach
  Es singen und spielen
  der Bachchor und das
  Bachorchester Mainz
15.20 Joseph Haydn
  Konzert mit Chor und
  Orchester der Academy of St.
  Martin-in-the-Fields
17.15 Programmvorschau
17.20 Mini-ZiB Für Kinder
17.30 Siebenstein
  Kindersendung
17.55 Hallo Rolf!
  Mit Tierarzt
  Rolf Spangenberg
18.00 Bilder aus Österreich
  Leben, Landschaft und
  Kultur
19.00 Heute / 3SAT-Studio
19.30 SOKO 5113
  Krimiserie
20.20 Ausland
  Reportagen
20.50 Geheimagenten in der
  Schweiz
  Dokumentarfilm
21.45 Kulturjournal Tipps
21.51 Sport-Zeit
  Leichtathletik-Meeting in
  Karlsruhe

22.00 Zeit im Bild
  Nachrichten
22.25 Club 2
  Talkshow aus Österreich
0.15 Wochenschau
0.45 Club 2
  Talkshow aus Österreich
2.40 Joseph Haydn
  Konzert mit Chor und
  Orchester der Academy of St.
  Martin-in-the-Fields
  Wiederholung vom Vortag

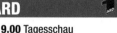

1. Welche Sendungen gehören zu den Bildern?

Bild	A	B	C	D	E	F
Sendung						
Uhrzeit						
Programm						

2. Ordnen Sie die Sendungen aus den Fernsehprogrammen.

Nachrichten/ Politik	Unterhaltung	Kultur/ Bildung	Sport	Kinder- sendung	Kriminalfilm/ Spielfilm

3. Welche Serien gibt es auch in Ihrem Land?

4. Stellen Sie Ihr Wunsch-Programm für einen Tag zusammen (Gruppenarbeit).

Vergleichen Sie das Ergebnis mit den anderen Gruppen.

5. Finden Sie zu jedem Textanfang die passende Fortsetzung.

A B C D E

A

ALF
Eine Katze zum Frühstück
Amerikanische Familienserie
Die Tanners haben ihre Katze verloren. Ein Auto hat sie überfahren. Alle sind sehr unglücklich. Nur Alf nicht, er möchte die tote Katze am liebsten essen.

4

Aber damit ist die Familie natürlich nicht einverstanden. Ein paar Tage später sind sieben Katzenbabys im Haus – „jemand" hat sie per Telefon bestellt. Bekommt er wenigstens eins zum Frühstück?

B

Anatomie
Horrorfilm mit Franka Potente
BRD 2000
Die hübsche Paula studiert in Heidelberg Medizin. Sie ist sehr ehrgeizig und hat eigentlich auch keine Angst vor den Leichen in der Anatomie. Aber auf einmal liegt da ein toter junger Mann auf dem Tisch – und der war am Tag vorher noch ganz gesund.

C

Es geschah am hellichten Tag.
Kriminalfilm-Klassiker nach Friedrich Dürrenmatt. Schweiz 1958.
Ein Landstreicher findet im Wald die Leiche eines kleinen Mädchens. Es ist die neunjährige Gritli Moser. Sie ist schon das dritte Opfer in einer Serie von Kindesmorden.

3

Eigentlich findet der clevere Junge die Situation gar nicht so schlecht, weil er jetzt jede Freiheit hat. Aber da sind noch die zwei Diebe Harry und Marv. Doch Kevin macht ein lustiges Spiel aus der Gefahr.

5

Jetzt wird die junge Medizinstudentin neugierig. Gibt es an der Universität einen Mörder oder sogar eine ganze Gruppe? Paula kommt einer Mordserie auf die Spur. Bei ihren Untersuchungen gerät sie bald selbst in Lebensgefahr.

1

Kommissar Matthäi will den Mörder endlich fangen. Er hat einen riskanten Plan: Die kleine Annemarie – auch neun Jahre alt – soll den Mörder in eine Falle locken.

D

Kevin – Allein zu Haus
Komödie. USA 1990
Kevin ist erst acht Jahre alt, aber er ist in den Weihnachtsferien der einzige Bewohner in dem großen Haus seiner Familie. Seine Eltern haben ihn vergessen und merken das Unglück erst, als sie im Flugzeug auf dem Weg nach Paris sind.

2

Die Polizei findet die versteckte Tatwaffe im Badezimmer von Dr. Dreiden. Aber Kommissar Thiel glaubt nicht an eine Eifersuchtstragödie; er will den wirklichen Mörder fangen. Und dann entdeckt er noch eine Leiche; es ist die ermordete Freundin des Toten.

E

Tatort
Fakten, Fakten
BRD 2002
Vor der Wohnung von Dr. Dreiden passiert ein Mord. Er kennt den Toten, weil er der Partner seiner ehemaligen Freundin ist. Aber wer hat den Mann mit einer Pistole erschossen? Die Fakten sind scheinbar klar:

LESERBRIEFE

Miranda, ZDF, 1. November, 22.55 Uhr. Peter Lindner diskutiert mit seinen Gästen über das Thema: „Keine Zukunft für das Auto?"

Wenn ich abends nach Hause komme, freue ich mich auf das Fernsehprogramm. Dann möchte ich gute Unterhaltung sehen und keine billigen Talkshows.
◾ Kurt Förster, Iserlohn

Herzlichen Glückwunsch! Endlich eine interessante Talkshow. Besonders freue ich mich über die späte Sendezeit, weil ich abends immer lange arbeiten muss.
◾ Clemens Buchner, Hainburg

Der Moderator ist schlecht, die Sendung ist langweilig, die Themen sind uninteressant. Ich ärgere mich über jede Sendung.
◾ Beate Kanter, Stralsund

Ich interessiere mich sehr für Talkshows, aber nicht nachts um 11.00 Uhr. Ist „Miranda" eine Sendung für Arbeitslose und Studenten?
◾ Hubert Hessler, Bad Salza

In dieser Sendung fehlt der Pfeffer. Über den langweiligen Moderator kann ich mich wirklich aufregen.
◾ Rainer Kock, Nürnberg

Miranda gefällt uns sehr gut. Wir freuen uns auf die nächste Sendung.
◾ Uwe und Ute Kern, Oberhof

Die meisten Talkshows sind langweilig, aber Miranda finde ich gut. Besonders interessieren mich die politischen Themen.
◾ Karin Langer, Aachen

---

6. Wofür interessiert sich …? Fragen und antworten Sie.

●

Wofür	interessiert	sich	Kurt Förster?
Worüber	ärgert		…
Worauf	freut/freuen		

regt sich Rainer Kock auf?

Reflexive Verben

ich	interessiere	mich	für
du	interessierst	dich	
er	interessiert	sich	
sie			
wir	interessieren	uns	
ihr	interessiert	euch	
sie	interessieren	sich	

◾

Er	interessiert	sich	für	die späte Sendezeit.
…	ärgert		über	die politischen Themen.
	freut/freuen		auf	…

Er regt sich | über | den langweiligen Moderator auf.

❯
§ 10, 12
§ 15, 34

---

7. Üben Sie.

● Interessierst du dich | für Krimis?
Interessiert ihr euch | …
Interessieren Sie sich |

◾ Nein, dafür | interessiere ich mich | nicht.
| … wir …

● Wofür | interessierst du dich | denn?
| … ihr …
| … Sie …

◾ Vor allem für | Sportsendungen
| …

Wofür interessieren sich die Deutschen im Fernsehen?
Hitliste vom letzten Jahr. Zuschauer-Zahlen: Angaben in Millionen

Sendung	Kategorie	Zuschauer
Wetten, dass…?	Show	16,14
Wer wird Millionär?	Quiz	13,98
Fußball-Bundesliga	Sport	13,64
Napoleon	Spielfilm	8,91
Tagesschau	Nachrichten	7,84
Der Alte	Krimi	5,61
Lindenstraße	Familienserie	5,27
ZDF-Expedition	Wissenschaft, Technik	5,19
Rossini	Komödie	5,17
Berlin direkt	Politik, Wirtschaft	4,68
Lustige Musikanten	Musiksendung	4,48
Hier und heute	Regionalsendung	3,47
Mein Vater	Problemfilm	2,89
Käpt'n Blaubär	Jugend-, Kindersendung	2,68
Beckmann	Talkshow	2,21
Ratgeber Garten	Ratgebersendung	1,59
aspekte	Kunst, Literatur	1,07
Das Wort zum Sonntag	Religion	0,98

20.00	Nachrichten, Wetter
20.05	Beliebte Lieder
21.00	Nachrichten, Wetter
21.05	**Mein Problem** Psychologin Dr. Semmler gibt Rat in Lebensfragen.

1/11-13

8. Was ist Ihr Problem?

a) Drei Personen rufen Frau Dr. Semmler an. Sie haben ein persönliches Problem und bekommen Ratschläge. Lesen Sie zuerst einige Sätze aus den Gesprächen.

Anrufer

▨ Ich würde gern mit meinem Freund in Frankreich Urlaub machen.

▨ Er glaubt, ich würde es kaputt fahren.

▨ Meine Eltern sind unglücklich, weil ich nicht mit ihnen nach Österreich fahren will.

▨ Die Katzen schlafen sogar nachts in ihrem Bett.

▨ Ich würde gerne mit dem Auto einkaufen fahren.

▨ Ich liebe meine Freundin und würde sie gerne heiraten.

▨ Ich habe meine Eltern sehr gern, aber sie lassen mir keine Freiheit.

▨ Mein Mann gibt mir das Auto nicht, obwohl es meistens in der Garage steht.

Frau Dr. Semmler

▨ Ich würde einmal in Ruhe mit ihm sprechen.

▨ Ich würde einen Brief schreiben und ihn auf den Küchentisch legen.

▨ Sicher finden Sie bald ein nettes Mädchen ohne Katzen.

▨ Machen Sie Ihren Mann zu Ihrem Fahrlehrer.

▨ Ihre Eltern können Ihnen nichts verbieten, weil Sie erwachsen sind.

▨ Sie müssen sich Ihre Freiheit nehmen.

▨ Ich glaube, Sie können mit Ihrer Freundin nicht glücklich werden.

▨ Bitten Sie ihn um Hilfe.

Konjunktiv mit „würde"

(wirklich)
Was tun Sie?
Ich leihe mir ein Auto.

(nicht wirklich, nur gedacht)
Was <u>würden</u> Sie tun?
Ich <u>würde</u> mir ein Auto <u>leihen</u>.

b) Hören Sie die drei Gespräche mit Frau Dr. Semmler. Welche Sätze passen zu Gespräch 1 (Hilde Baumgart), welche zu Gespräch 2 (Karin Gärtner) und welche zu Gespräch 3 (Udo Seyfert)? Schreiben Sie die Nummer des Gesprächs in die Kästen vor den Sätzen.

9. Was würden Sie den Personen raten?

Suchen Sie für jede Person drei Ratschläge. Welche Ratschläge würden Sie außerdem geben?

> § 20

mir selbst ein Auto kaufen – einen Hund kaufen – den Freund und seine Eltern nach Hause einladen – mir ein Auto leihen – einen Kompromiss suchen – mit meinem Mann über das Problem sprechen – die Freundin zum Psychiater schicken – meinen Mann nicht um Erlaubnis fragen – eine eigene Wohnung suchen – zusammen mit den Eltern nach Frankreich fahren

10. Lesen Sie zuerst die Liedtexte und hören Sie dann die CD/Kassette.

1/14–19

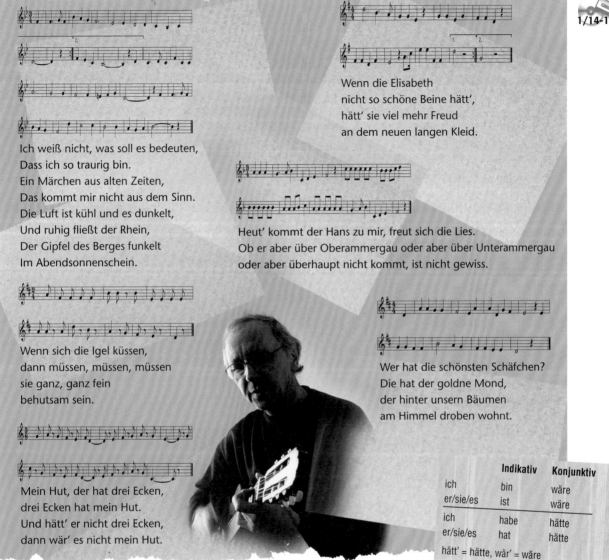

Wenn die Elisabeth
nicht so schöne Beine hätt',
hätt' sie viel mehr Freud
an dem neuen langen Kleid.

Ich weiß nicht, was soll es bedeuten,
Dass ich so traurig bin.
Ein Märchen aus alten Zeiten,
Das kommt mir nicht aus dem Sinn.
Die Luft ist kühl und es dunkelt,
Und ruhig fließt der Rhein,
Der Gipfel des Berges funkelt
Im Abendsonnenschein.

Heut' kommt der Hans zu mir, freut sich die Lies.
Ob er aber über Oberammergau oder aber über Unterammergau
oder aber überhaupt nicht kommt, ist nicht gewiss.

Wenn sich die Igel küssen,
dann müssen, müssen, müssen
sie ganz, ganz fein
behutsam sein.

Wer hat die schönsten Schäfchen?
Die hat der goldne Mond,
der hinter unsern Bäumen
am Himmel droben wohnt.

Mein Hut, der hat drei Ecken,
drei Ecken hat mein Hut.
Und hätt' er nicht drei Ecken,
dann wär' es nicht mein Hut.

	Indikativ	Konjunktiv
ich	bin	wäre
er/sie/es	ist	wäre
ich	habe	hätte
er/sie/es	hat	hätte

hätt' = hätte, wär' = wäre

11. Welches Lied gefällt Ihnen am besten? Welches nicht so gut?

§ 20

12. Schreiben Sie einen neuen Text zum Lied „Mein Hut, der hat drei Ecken".

Mein Schrank, der hat vier Türen,
vier Türen hat mein Schrank,
und hätt' er nicht …
dann wär' es …

oder: Mein Brief, der hat sechs Seiten,
sechs Seiten …
und hätt' er …

Fuß – Zehen   Haus – Zimmer
Kind – Zähne   …

13. Wennachwenn dannjadann

Wenn, ach wenn ... Wenn, ach wenn ...
Wenn du mit mir gehen würdest,
wenn du mich verstehen würdest...
Dann, ja dann ... Dann, ja dann ...
Ja, dann würde ich immer bei dir sein,
dann wärest du nie mehr allein.
Ja, wenn ...

 Machen Sie neue Texte für das Lied. Benutzen Sie auch die alphabetische Wortliste.

Wenn	ich	laufen	würde		Ja, dann	würde	ich	...	bleiben
	du	kaufen	würdest			hätte	...		schreiben
	...	sagen				wäre			verlieben
		fragen							üben
		studieren							Zeit
		verlieren							weit
									geblieben
									geschrieben

> Wenn – dann ...
> Wenn du mit mir gehen würdest,
> dann wärest du nicht mehr allein.

14. Vor der Party:
„Andere Musik, bitte!"

a) Hören Sie den Dialog.
b) Was passt?

Jörg (J)   Karsten (K)   Britta (B)

☐ will gern tanzen.
☐ will sich lieber unterhalten.
☐ meint, Techno muss laut sein.
☐ möchte nicht tanzen.
☐ findet Jazz unmodern.
☐ hört fast nur Jazz und Blues.
☐ findet den Techno-Rhythmus toll.
☐ findet Techno doof.
☐ will Phil Collins hören.

c) Welche Musik mögen Sie am liebsten? Diskutieren Sie mit Ihrem Nachbarn.

Pop	Klassik	Techno	Jazz	Chansons	Rock	Schlager	Blues	Volksmusik	Disco

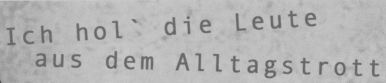

Ich hol' die Leute aus dem Alltagstrott

Es gibt immer mehr Straßenkünstler: Musikanten, Maler und **Schauspieler. Sie** ziehen von Stadt zu Stadt, machen **Musik,** spielen **Theater** und malen auf den Asphalt. Die meisten sind **Männer, aber es gibt auch einige Frauen. Eine von ihnen ist die 20-jährige Straßenpantomimin** Gabriela Riedel.

Das Wetter ist feucht und kalt. Auf dem Rathausmarkt in Hamburg interessieren sich nur wenige Leute für Gabriela. Sie wartet nicht auf Zuschauer, sondern packt sofort ihre Sachen aus und beginnt ihre Vorstellung: Sie zieht mit ihren Fingern einen imaginären Brief aus einem Umschlag. Den Umschlag tut sie in einen Papierkorb. Der ist wirklich da. Sie liest den Brief, vielleicht eine Minute, dann fällt er auf den Boden, und Gabriela fängt an zu weinen. Den Leuten gefällt das Pantomimenspiel. Nur ein älterer Herr mit Bart regt sich auf. „Das ist doch Unsinn! So etwas müsste man verbieten." Früher hat Gabriela sich über solche Leute geärgert, heute kann sie darüber lachen. Sie meint: „Die meisten Leute freuen sich über mein Spiel und sind zufrieden." Nach der Vorstellung sammelt sie mit ihrem Hut Geld: 4 Euro und 36 Cent hat sie verdient, nicht schlecht. „Wenn ich regelmäßig spiele und das Wetter gut ist, geht es mir ganz gut." Ihre Kollegen machen Asphaltkunst gewöhnlich nur in ihrer Freizeit. Für Gabriela ist Straßenpantomimin ein richtiger Beruf.

Gabrielas Asphaltkarriere hat mit Helmut angefangen. Sie war 19, er 25 und Straßenmusikant. Ihr hat besonders das freie Leben von Helmut gefallen, und sie ist mit ihm von Stadt zu

Stadt gezogen. Zuerst hat Gabriela für Helmut nur Geld gesammelt. Dann hat sie auch auf der Straße getanzt. Nach einem Krach mit Helmut hat sie dann in einem Schnellkurs Pantomimin gelernt und ist vor sechs Monaten Straßenkünstlerin geworden. Die günstigsten Plätze sind Fußgängerzonen, Ladenpassagen und Einkaufszentren. „Hier denken die Leute nur an den Einkauf, aber bestimmt nicht an mich. Ich hol' sie ein bisschen aus dem Alltagstrott", erzählt sie. Das kann Gabriela wirklich: Viele bleiben stehen, ruhen sich aus, vergessen den Alltag. Leider ist Straßentheater auf einigen Plätzen schon verboten, denn die Geschäftsleute beschweren sich über die Straßenkünstler. Oft verbieten die Städte dann die Straßenkunst.

„Auch wenn die meisten Leute uns mögen, denken viele doch an Vagabunden und Nichtstuer. Sie interessieren sich für mein Spiel und wollen manchmal auch mit mir darüber sprechen, aber selten möchte jemand mich kennenlernen oder mehr über mich wissen."

Gabrielas Leben ist sehr unruhig. Das weiß sie auch: „Manchmal habe ich richtig Angst, den Boden unter den Füßen zu verlieren", erzählt sie uns. Trotzdem findet sie diesen Beruf fantastisch; sie möchte keinen anderen.

15. Fragen zum Text.

a) Was machen Straßenkünstler?
b) Kann ein Straßenkünstler viel Geld verdienen?
c) Was glauben Sie: Warum liebt Gabriela ihren Beruf?
d) Wie hat Gabriela ihren Beruf angefangen?
e) Es gibt nur wenige Straßenkünstlerinnen. Warum? Was glauben Sie?

16. Machen Sie mit diesen Sätzen einen Text.

Beginnen Sie mit **1** .

☐ Aber Gabriela ärgert sich nicht mehr.

☐ Deshalb kann sie jetzt ihr Geld allein verdienen.

☐ Gabriela hat dann einen Pantomimenkurs gemacht.

1 Gabriela ist Straßenpantomimin.

☐ Das macht sie aber nicht – wie andere Straßenkünstler – in ihrer Freizeit.

☐ Sie lebt vom Straßentheater.

☐ Sie weiß, die meisten Leute freuen sich über ihr Spiel.

☐ Manche Leute regen sich über Straßenkünstler auf.

☐ Zuerst hat sie mit einem Freund gearbeitet.

☐ Aber dann hatten sie Streit.

Die Käsetheke

Inh. Gerd Kornfeld
54290 Trier

Trier, den 16. 8. 03

An das
Rathaus der Stadt Trier
Amt für öffentliche Ordnung
Am Augustinerhof
54290 Trier

Sehr geehrte Damen und Herren,

vor meinem Käse-Spezialitäten-Geschäft in der Fußgängerzone machen fast jeden Tag junge Leute Musik. Ich habe nichts gegen Musik, aber manchmal kann ich meine Kunden kaum verstehen, weil die Musik so laut ist. Jetzt im Sommer ist es besonders schlimm. Meine Frau und ich müssen uns von morgens bis abends die gleichen Lieder anhören.

Früher habe ich oft die Eingangstür meines Geschäfts offen gelassen, aber das ist jetzt gar nicht mehr möglich. Man versteht oft sein eigenes Wort nicht mehr. Außerdem stellen sich die Musiker genau vor den Eingang meines Ladens. Auch unsere Kunden beschweren sich darüber. Ich habe nichts gegen die jungen Leute – sie wollen sich mit der Musik ein bisschen Geld verdienen; das verstehe ich. Aber muss es ausgerechnet vor meinem Laden sein? Was würden Sie machen, wenn Sie hundertmal das gleiche Lied hören müssten? Haben wir Geschäftsleute denn keine Rechte? Seit einigen Monaten kommen sogar Musikgruppen mit elektronischen Verstärkern und Lautsprechern. Man kann es nicht mehr aushalten! Ich habe schon oft mit den „Straßenkünstlern" vor meiner Ladentür geredet, aber es nützt nichts. Erst heute hat einer zu mir gesagt: „Was wollen Sie denn? Haben Sie die Straße gekauft?"

Kann die Stadt nicht endlich etwas gegen diesen Musikterror tun? Ich habe über dieses Problem auch schon mit vielen anderen Geschäftsleuten in der Fußgängerzone gesprochen. Sie sind alle meiner Meinung: Die Stadt muss etwas tun!

Ich bitte Sie deshalb dringend:

Verbieten Sie die Straßenmusik in der Fußgängerzone!

Mit freundlichen Grüßen

Kornfeld

G. Kornfeld

17. Immer Ärger mit den Straßenmusikanten?

Eine Reporterin fragt Passanten in der Fußgängerzone von Trier.

Also, ich ärgere mich immer über die Straßenmusikanten. Warum tut man nichts gegen diese laute Musik? Ich finde, man sollte das ganz verbieten. Die Straße ist doch kein Konzertsaal.

Mich stören die Straßenmusikanten eigentlich nur am Wochenende. Freitags und samstags ist es sowieso immer viel zu voll in der Fußgängerzone.

Genau. Wenn ich ein Geschäft hätte, würde ich mich auch über die Musiker beschweren. Oft spielen sie direkt vor den Ein- und Ausgängen und stören den Geschäftsverkehr. Die könnten doch auch woanders spielen.

Ich bin eigentlich für Straßenmusik. Es wäre traurig, wenn die Leute nur noch zum Arbeiten oder zum Einkaufen in die Stadt kommen würden. Aber ich kann die Geschäftsleute auch verstehen.

Straßenmusik? Darüber rege ich mich nicht auf. Die Musik in den Kaufhäusern ist doch genauso laut. Die müsste man dann auch verbieten. Meinen Sie nicht?

Was heißt hier überhaupt Straßenmusikanten? Die meisten können gar nicht richtig Musik machen. Wenn die Qualität besser wäre, hätte ich nichts gegen Straßenmusik.

18. Wie finden Sie Straßenmusik? Diskutieren Sie.

Wenn	es keine Straßenmusik geben man die Straßenmusik verbieten Ohne Straßenmusik/Straßenmusikanten	würde, dann	wäre / hätte / würde …

Wenn	die Musik die Musikanten	besser leiser	wäre, wären,	wäre/hätte/würde …

Wenn ich	ein Geschäft hätte, Straßenmusikant wäre, Als Geschäftsmann/Straßenmusikant	dann	wäre hätte würde	ich …	Man	sollte müsste könnte	…

Der Nichtmacher

- Was würden Sie eigentlich machen, wenn Sie …?
- Also wenn ich …, dann würde ich …
- Interessant! Sie würden tatsächlich …?
- Da bin ich sicher. Wenn ich …, dann würde ich sofort …!
- Also, da wäre ich nicht so sicher.
- Ach nein? Was würden Sie denn machen, wenn Sie …?
- Ehrlich gesagt – ich weiß es nicht.
- Wirklich nicht?
- Wahrscheinlich würde ich gar nichts machen. Wissen Sie – ich weiß nämlich immer ziemlich genau, was ich *nicht* machen würde.
- Also, wenn *ich* genau wissen würde, was ich *nicht* machen würde, dann hätte ich bestimmt ziemlich große Angst.
- Angst? Wovor denn?
- Vor der Zukunft.
- Wirklich? Woher wissen Sie das?

1 die Panne ◆ 2 der Reifen ◆ 3 der Autounfall ◆
4 der Kofferraum ◆ 5 die Werkstatt ◆ 6 der Motor ◆
7 das Benzin (Normal, Super, Diesel) ◆ 8 der Fahrlehrer

INDUSTRIE
ARBEIT
WIRTSCHAFT

Kleinwagen sind immer beliebter. Wir haben vier Modelle getestet: den neuen VW Polo und drei seiner stärksten Konkurrenten.

Die Minis

Typ	VW Polo	Citroën C3	Mercedes A-Klasse	Mini Cooper
Preis (inkl. Mwst.) €	14.300	15.290	18.090	14.500
Motorleistung (kw/PS)	63/86	54/74	54/74	66/90
Höchstgeschw. (km/h)	155	162	165	181
Verbrauch (l/100 km)*	6,0 N	6,3 S	5,9 S	7,7 S
Gewicht (kg)	980	1080	1155	1125
Länge (m)	3,89	3,85	3,61	3,65
Kofferraum (Liter)	1030	1310	390	670
Versicherung (€/Jahr)**	390,20	423,10	451,30	422,50
Steuer (€/Jahr)***	87,70	72,30	77,50	81,20
Kosten/Kilometer (€)****	0,31	0,27	0,38	0,34

* S=Superbenzin, N=Normalbenzin   ** im Durchschnitt   *** schadstoffarm Gruppe C
**** durchschnittliche Kosten für Versicherung, Steuer, Benzin, Reparaturen, Wertverlust bei 15.000 km pro Jahr

1/24-25

1. Hören Sie die Dialoge A und B. Über welche Autos sprechen die Leute?

Dialog A: _____   Dialog B: _____

2. Welches Auto hat ...? Welches ist am ...?

Superlativ	
ist	am höchsten
hat	den höchsten Verbrauch
	die höchste Geschwindigkeit
	das höchste Gewicht
	die höchsten Kosten

›
§ 6, 7, 8

Der VW Polo ist am längsten.
Der Citroën C3 hat die niedrigsten Kosten pro Kilometer.
Der Mini Cooper hat den höchsten Benzinverbrauch.
Der Mini Cooper hat die höchste Geschwindigkeit.
Der Mercedes A-Klasse hat ... / ist ...
Der ...

preiswert	klein	teuer	leicht	hoch	stark	wenig
billig	niedrig	schwach	viel	groß	schnell	langsam

3. Vergleichen Sie die Vor- und Nachteile der Autos.

Komparativ			
ist		schwächer	
hat	einen	schwächeren Motor	als
	eine	höhere Leistung	als
	ein	niedrigeres Gewicht	als
	–	niedrigere Kosten	als

Der Polo ist langsamer als der Mini Cooper.
Der C3 hat einen größeren Kofferraum als ...
Der Mercedes hat einen höheren ... als ...

Der Citroën hat genauso viele PS wie der ...
Der ... genauso ... wie ...

4. Hören Sie den Dialog. Was sagt Simone über ihren Wagen?

▢ Er verbraucht mehr Benzin, als im Prospekt steht.
▢ Er hat mehr Platz, als man denkt.
▢ Er ist nicht so bequem, wie man denkt.
▢ Er ist schneller, als der Verkäufer gesagt hat.
▢ Er ist genauso schnell, wie im Prospekt steht.
▢ Er verbraucht weniger Benzin, als der Verkäufer gesagt hat.
▢ Er hat weniger Platz, als sie geglaubt hat.

5. Ärger mit dem Auto. Was ist hier kaputt? Was fehlt?

| Motor | Benzin | Bremse | Öl | Spiegel | Reifen | Bremslicht | Fahrlicht |

Der/Die/Das … ist kaputt / funktioniert nicht. Es fehlt …

6. Was ist passiert?

a) Hören Sie die drei Texte.

b) Welche Sätze sind richtig?

Dialog A:
▢ Ein Auto hat eine Panne.
▢ Hier ist ein Unfall passiert.
▢ Der Unfallwagen kommt.
▢ Der Mechaniker kommt.

Dialog B:
▢ Karl braucht Benzin.
▢ Karl braucht Öl.
▢ Karl muss zur Tankstelle gehen.

Dialog C:
▢ Das Fahrlicht funktioniert nicht.
▢ Die Bremsen funktionieren nicht.
▢ Der Scheibenwischer funktioniert nicht.
▢ Das Bremslicht funktioniert nicht.

7. Hören Sie den Dialog.

 a) Hören Sie den Dialog 1 und ordnen Sie die Sätze.

2 Richtig, Herr Wegener. Was ist denn kaputt?

8 Ich kann es Ihnen nicht versprechen. Wir versuchen es.

4 Sonst noch etwas?

6 Morgen Mittag.

10 Natürlich, kein Problem.
2nd last

3 Der Motor verliert Öl, und die Bremsen ziehen nach links.

7 Morgen erst? Ich brauche ihn aber unbedingt noch heute.
tomorrow only.   *definitely still today.*

5 Nein. Wann kann ich den Wagen abholen?

1 Mein Name ist Wegener. Ich habe für heute einen Termin.

9 Na gut. Können Sie mich anrufen, wenn der Wagen fertig ist?

11 Vielen Dank!
last

 b) Hören Sie die Dialoge 2 und 3. Welcher Satz passt zu welchem Dialog?

	Dialog 2	Dialog 3
Die Werkstatt soll die Reifen wechseln.		✓
Die Fahrertür klemmt.	✓	
Das Fahrlicht vorne links ist kaputt.	✓	
Der Benzinverbrauch ist zu hoch.		✓
Der Wagen ist am Freitag fertig.		✓
Der Motor läuft nicht richtig.	✓	
Die Werkstatt soll die Bremsen prüfen.		✓
Der Wagen ist am Donnerstag fertig.		

c) Schreiben Sie ähnliche Dialoge und spielen Sie sie.

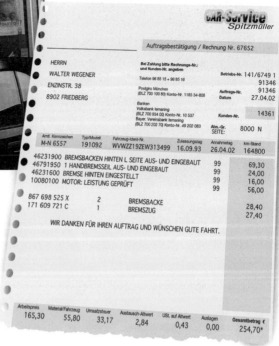

Herr Wegener holt sein Auto ab. Die Werkstatt sollte nur die Bremsen reparieren, aber nicht die Handbremse. Herr Wegener ärgert sich darüber, denn diese Reparatur hat 51 Euro 40 extra gekostet. Er beschwert sich deshalb.

● Sie sollten doch nur die Bremsen reparieren, aber nicht die Handbremse. Das können Sie doch nicht machen.
■ Aber die Handbremse hat nicht funktioniert. Das ist doch gefährlich.
● Ich brauche die Handbremse nie.
■ ...

8. Schreiben Sie den Dialog weiter und spielen Sie ihn dann.

9. Schreiben Sie ähnliche Dialoge und spielen Sie sie.

a) Sie wollten für Ihr Auto zwei neue Reifen, aber die Werkstatt hat vier montiert.
b) Sie wollten nur für 20 Euro tanken, aber der Tankwart hat den Tank vollgemacht.

Sie können folgende Sätze verwenden:

Das	können Sie mit mir nicht machen!	Das	glaube ich nicht!
	geht doch nicht!		stimmt nicht!
	dürfen Sie nicht so einfach!		ist nicht wahr!
			ist falsch!
Das	interessiert mich nicht!		ist gelogen! _Thats a lie._
	ist mir egal!		
	überzeugt mich nicht! _doesn't convince me._		

Sicher,	aber ...	Da haben Sie recht.
Das stimmt,		Das habe ich nicht gewusst. _I didn't know that._
Sie haben recht,		Das tut mir leid.
Das tut mir leid, _I'm sorry_		Verzeihung! _Sorry._
Das ist richtig, _That is right, but_		

sich lustig machen über.

metal.

Vom Blech zum Auto (Autoproduktion bei Volkswagen)

Zuerst wird das Blech automatisch geschnitten, dann werden daraus die Karosserieteile gepresst: Dächer, Böden, Seitenteile usw.

Dann werden Motor, Türen, Räder, Sitze und alle anderen Teile montiert. Das Auto ist jetzt fertig.

Danach werden die Blechteile zusammengeschweißt. Schwere Arbeit wird von Robotern gemacht.

Zum Schluss wird das ganze Auto noch einmal geprüft.

Jetzt werden die Karosserien lackiert. Jede Karosserie wird mehrere Male gespritzt. So wird sie gegen Rost geschützt.

painted

Und dann werden die Autos – von einem eigenen Bahnhof aus – zu den Käufern geschickt.

passiv.

10. Schreiben Sie einen kleinen Text.

a) Setzen Sie die Sätze richtig zusammen.

§ 21

Das ganze Auto	wird	von Robotern	geschweißt.
Das Karosserieblech		noch einmal	geprüft.
Motor, Räder und Sitze		gegen Rost	geschickt.
Die Karosserien	werden	von Arbeitern	montiert.
Die fertigen Autos		automatisch	geschützt.
Die Blechteile		zu den Käufern	geschnitten.

Roboter schweißen die Bleche.
(Aktiv)

Die Bleche <u>werden</u> von Robotern <u>geschweißt</u>.
(Passiv)

b) Bringen Sie die Sätze in die richtige Reihenfolge. Machen Sie dann einen kleinen Text daraus. Beginnen Sie die Sätze mit *zuerst, dann, danach, später, zuletzt:*

Zuerst wird …   Dann werden …

11. Ergänzen Sie die Sätze.

Opel in Rüsselsheim. In der Karosserieab-
teilung werden die Bleche geformt.

→ *Hier arbeitet eine komplizierte*
Maschine. Sie formt die Bleche.

Hier werden die Karosserieteile
geschweißt. Diese Arbeit wird von
Robotern gemacht.

→ *Das sind Roboter. Sie ...*

In der Montageabteilung werden Motor,
Reifen, Lampen und Bremslichter
montiert.

→ *Hier arbeitet Stefanie Jäger. Sie ...*

Zum Schluss wird das ganze Auto geprüft.

→ *Bernd Ebers arbeitet schon seit 12*
Jahren bei Opel. Er ...

Ein Autohaus in Schwerin. Hier wird
gerade ein Auto verkauft.

→ *Christian Krüger ist Verkäufer bei*
Opel. Er ...

Handwritten (top right):
Kfz. - Kraftfahrzeug. - car.
PKW - Personnen kraftwagen. Small car
LKW - Lastkraftwagen - Lorry.

12. Berufe rund ums Auto

1/31-35

a) Hören Sie die Dialoge zu dieser Übung. Was für Berufe haben die Leute?

b) Lesen Sie die folgenden Texte. Ergänzen Sie die Berufsbezeichnungen.

Der Berufskraftfahrer *Lorry driver*
Die Berufskraftfahrerin

Der Tankwart *Pump assistant*
Die Tankwartin

Der Autoverkäufer *Salesman.*
Die Autoverkäuferin

Der Fahrlehrer
Die Fahrlehrerin

Der Automechaniker
Die Automechanikerin *accessories*

Berufe rund ums Auto

In Deutschland leben rund 5 Millionen Arbeitnehmer vom Auto. Aber nur gut 2 Millionen arbeiten direkt für das Auto: in den großen Autofabriken, in kleineren Autoteilefabriken, in Tankstellen oder Werkstätten und in Autogeschäften. Die anderen Stellen sind in Büros, Ämtern und im Straßenbau. Informationen über die wichtigsten Berufe rund ums Auto finden Sie auf dieser Seite.

1. Der _____ / Die _____
400 bis 550 Kilometer täglich sind normal. Das ist keine leichte Arbeit, denn auf Europas Straßen gibt es immer mehr Verkehr. Trotzdem muss man immer pünktlich sein. Man ist oft mehrere Tage von seiner Familie getrennt. Ausbildung: Hauptschule, drei Jahre Berufsausbildung. Verdienst: zwischen 1300 und 1800 Euro netto. Chancen: sehr gut. *prospects.*

2. Der _____ / Die _____
Der Beruf ist bei Jungen sehr beliebt, aber auch einige Mädchen möchten gerne _____ werden. Man arbeitet in Werkstätten und an Tankstellen und repariert und pflegt Autos. Die Arbeit ist heute nicht mehr so anstrengend und schmutzig wie früher. Nach einer Prüfung als Kfz-Meister oder Kfz-Meisterin kann man eine eigene Werkstatt aufmachen. Ausbildung: Hauptschule, dreieinhalb Jahre Berufsausbildung. Verdienst: 1000 bis 2000 Euro, je nach Arbeitsort und Leistung. Chancen: Es geht, es gibt schon viele *automechaniker*

3. Der *Fahrlehrer* / Die _____
_____ arbeiten als Angestellte oder sind selbstständig. Sie lehren die Fahrschüler das Autofahren, erklären ihnen im Unterricht die Verkehrsregeln und bereiten sie auf die Führerscheinprüfung vor. Für diesen Beruf braucht man sehr viel Geduld und gute Nerven. Ausbildung: Nach abgeschlossener Berufsausbildung oder Abitur wird man in einem Kurs von fünf Monaten auf die staatliche Prüfung vorbereitet. Verdienst: 2500 bis 3000 Euro (als Angestellter), als Selbstständiger mehr. Chancen: unterschiedlich; in Großstädten ist die Konkurrenz groß. *competition. Owner*

4. Der *Tankwart* / Die *Tankwartin*
_____ versorgen Kraftfahrzeuge mit Benzin, Diesel, Gas und Öl, verkaufen Autozubehörteile und andere Artikel wie Zeitschriften, Zigaretten und Getränke. Technische Arbeiten gehören auch zum Beruf: z.B. Reifen montieren, Batterien testen und Glühbirnen wechseln. Man berät Kunden, bedient die Kasse und kontrolliert das Warenlager. Die Arbeitszeit kann sehr unregelmäßig sein, denn viele Tankstellen sind auch abends, nachts und am Wochenende geöffnet. Ausbildung: Hauptschule, 3 Jahre Berufsausbildung. Verdienst: 1100 bis 1300 Euro. Chancen: als Selbstständiger ganz gut, als Angestellter schlechter.

5. Der _____ / Die _____
Man verkauft nicht nur Autos und berät Kunden, man muss auch Büroarbeit machen, Autos an- und abmelden und für Kunden Bankkredite und Versicherungspolicen besorgen. Viele arbeiten im Zubehörhandel. Ausbildung: drei Jahre nach der Hauptschule. Verdienst: sehr unterschiedlich, zwischen 1500 und 6000 Euro. Chancen: sehr gut, wenn man Erfolg hat. *success.*

Handwritten (margins):
zu Polen aber
die bremsen meinst du oder auch.
neuer Kunde, oder Kunde
insurance
register + unregister

Handwritten (bottom):
unregelmäßig - irregular
Glühbirnen. lightbulbs
zum beispiel. - for example.
usw. und so weiter - et cetera

[handwritten: pflegen - to look after / ein pfleger - a carer (m)]

Schichtarbeit

Viele Deutsche machen Schichtarbeit. Ihre Arbeitszeit wechselt ständig. Sie tun es, weil ihr Beruf es verlangt (wie bei Ärzten, Schwestern, Polizisten und Feuerwehrleuten) oder weil sie mehr Geld verdienen wollen. Schichtarbeiter und ihre Familien leben anders. Wie, das lesen Sie in unserem Bericht.

Zum Beispiel: Familie März

Franziska März, 33, aus Hannover ist verheiratet und hat eine zwölf Jahre alte Tochter und einen kleinen Sohn von vier Jahren. Sie arbeitet als Verkäuferin in einem Bahnhofskiosk, jeden Tag von 17 bis 22 Uhr. Seit sechs Jahren macht sie diesen Job.

Franziska März arbeitet seit sechs Jahren in diesem Bahnhofskiosk.

Ihr Mann, Jürgen, 37, ist Facharbeiter und arbeitet seit elf Jahren bei einer Autoreifenfabrik. Er arbeitet Frühschicht von 6 Uhr morgens bis 14.30 Uhr oder Nachtschicht von 23 Uhr bis 6 Uhr. Einen gemeinsamen Feierabend kennen die Eheleute nicht. Wenn seine Frau arbeitet, hat er frei. Dann sorgt er für die Kinder und macht das Abendessen.

„In der Woche sehen wir uns immer nur vormittags oder nachmittags für ein paar Stunden. Da bleibt wenig Zeit für Gespräche und für Freunde", sagt Franziska März. Jürgen März muss alle vier Wochen sogar am Wochenende arbeiten. „Er schläft nicht sehr gut und ist oft ziemlich nervös. Unsere Arbeit ist nicht gut für das Familienleben, das wissen wir", sagt seine Frau.

Trotzdem wollen beide noch ein paar Jahre so weitermachen, denn als Schichtarbeiter verdienen sie mehr. Und sie brauchen das Geld, weil sie sich ein Reihenhaus gekauft haben. „Mit meinem Gehalt bin ich zufrieden. Ich bekomme 11,15 Euro pro Stunde plus 60 % extra für die Nachtarbeit, für Überstunden bekomme ich 25 % und für Sonntagsarbeit sogar 100 % extra. Pro Jahr habe ich 30 Arbeitstage Urlaub und zwischen den Schichten immer drei Tage frei. Das ist besonders gut, denn dann kann ich am Haus und im Garten arbeiten."

Franziska März verdient weniger, 7,30 Euro pro Stunde. „Obwohl ich keinen Schichtzuschlag bekomme wie Jürgen, bin ich zufrieden. Als Verkäufe-

Wenn seine Frau arbeitet, sorgt Jürgen März für die Kinder.

rin in einem Kaufhaus würde ich weniger verdienen." Die Familie März hat zusammen 3200 Euro brutto pro Monat. Außerdem bekommen beide noch ein 13. Monatsgehalt und Jürgen auch Urlaubsgeld. Dafür können sie sich ein eigenes Haus leisten, ein Auto, schöne Möbel und auch eine kleine Urlaubsreise pro Jahr.

Aber sie bezahlen dafür ihren privaten Preis: weniger Zeit für Freunde und die Familie, Nervosität und Schlafstörungen. Arbeitspsychologen und Mediziner kennen diese Probleme und warnen deshalb vor langjähriger Schichtarbeit.

Eva Tanner

[handwritten: absolute nicht mache PCL.]

13. Welche Informationen finden Sie über Herrn und Frau März im Text?

	Vorname	Alter	Beruf	arbeitet wo?	seit wann?	Arbeitszeit	Stundenlohn
er							
sie							

[handwritten: Lehrling - 3 years. / Geselle - has first exam / Meister.]

14. Interviewfragen

a) Für ihren Zeitungsartikel hat die Reporterin Eva Tanner ein Interview mit Familie März gemacht. Welche Fragen hat sie wohl gestellt?

b) Partnerarbeit: Bereiten Sie ein Interview mit Herrn oder Frau März vor und spielen Sie es dann im Kurs.

> Was können Sie …?   Warum …?
>
> Wann …?   Wie lange …?   Wo …?
>
> Wie alt …?   Wie viel …?
>
> Welche Vorteile/Nachteile …?

15. Familie Behrens

Auch Herr und Frau Behrens haben unterschiedliche Arbeitszeiten.

a) Welche Stichworte passen zu Frau Behrens *F* , welche zu Herrn Behrens *H* , welche zu beiden *b* ?

- Ingrid Behrens, 29, aus Ulm
- Norbert Behrens, 27, Taxifahrer
- ✗ Sohn, 4 Jahre, morgens im Kindergarten
- immer Nachtschicht von 20 bis 7 Uhr, immer am Wochenende, hat montags und dienstags frei
- ist Krankenschwester, Arbeitszeit 8 bis 13 Uhr
- ist mit der Familie und Freunden weniger zusammen, aber dafür intensiver
- nachmittags machen sie und ihr Mann gemeinsam den Haushalt, spielen mit dem Kind, gehen einkaufen

- mag seine Arbeit
- macht nach der Arbeit morgens das Frühstück, schläft dann bis 14 Uhr
- findet Nachtarbeit nicht schlimm, nur der Straßenlärm beim Tagesschlaf stört; suchen deshalb eine ruhigere Wohnung
- ✗ verdient 720 Euro brutto
- ✗ verdient zwischen 1000 und 1500 Euro
- müssen beide arbeiten, sonst reicht das Geld nicht
- ✗ möchte ein eigenes Taxi kaufen und selbstständig arbeiten, beide geben deshalb wenig Geld aus

b) Beschreiben Sie die Situation von Herrn und Frau Behrens. Ordnen Sie zuerst die Stichworte und erzählen Sie dann.

c) Schreiben Sie einen kurzen Text über die Familie Behrens.

Ingrid und Norbert Behrens wohnen in Ulm. Sie haben einen Sohn, er ist vier Jahre alt. Ingrid Behrens bringt ihn morgens …, dann …

16. Lohn-/Gehaltsabrechnung

a) Lesen Sie die Gehaltsabrechnung von Herrn März. Erklären Sie den Unterschied zwischen Netto- und Bruttolohn.

Lohn- / Gehaltsabrechnung Personal-Nr.: M 243 976 -01	Name: Jürgen März Zeitraum: 01.06. - 30.06. Lohn/Gehalt

162 Stunden à € 11,15		1722,85

Zuschläge für — *Extras for*

10	Std. Mehrarbeit (25%)	€	27,87
8	Std. Sonn-/Feiertagsarbeit (100%)	€	89,17
8	Std. Samstagsarbeit (40%)	€	35,67
74	Std. Nachtarbeit (60%)	€	494,89

13. Monatsgehalt / Urlaubsgeld — *paid in December*		
Essensgeld		–,–
Fahrgeld	€	30,68
Vermögensbildung — *savings*	€	28,12
Bruttolohn — *total?*	€	39,88
	€	2469,13

Abzüge

Lohnsteuer (Klasse IV, 2 Kinder) *income tax*		€	454,16
Solidaritätszuschlag *East German tax*		€	24,98
Kirchensteuer (katholisch/evangelisch) *obligatory*		€	40,87
Krankenversicherung	333,33 – 50% Arbeitnehmeranteil	€	166,66
Pflegeversicherung	41,98 – 50% Arbeitnehmeranteil	€	20,99
Arbeitslosenversicherung	160,49 – 50% Arbeitnehmeranteil	€	80,24
Rentenversicherung	432,09 – 50% Arbeitnehmeranteil	€	216,05

care contributions / *pension pct.*

| Summe der Abzüge | € | 1003,95 |

Nettolohn — *net amount*

Überweisung auf Konto-Nr. 045-756 149 Stadtsparkasse | € 1465,18 |

17. Haushaltsgeld – wofür?

a) Wie viel Geld verdient eine Durchschnittsfamilie (4 Personen) in Deutschland? Wie viel gibt sie für Essen, Kleidung, Auto usw. aus?

b) Herr und Frau März verdienen zusammen 2300 Euro netto pro Monat. Wie hoch sind ihre regelmäßigen Ausgaben und wofür werden sie verwendet? Wie viel Geld haben sie pro Monat übrig? Was macht die Familie wohl mit diesem Geld? Was meinen Sie? Wofür würden Sie persönlich das Geld ausgeben?

c) Vergleichen Sie die Familie März und die deutsche Durchschnittsfamilie.

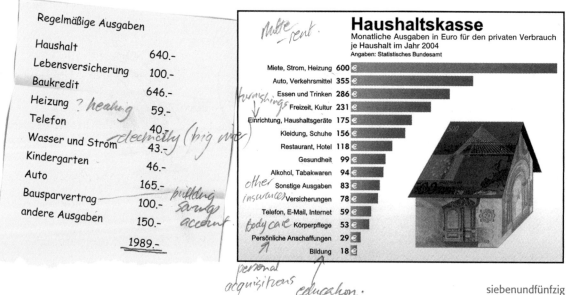

Regelmäßige Ausgaben	
Haushalt	640.–
Lebensversicherung	100.–
Baukredit	646.–
Heizung *? heating*	59.–
Telefon	40.–
Wasser und Strom *electricity (big one)*	43.–
Kindergarten	46.–
Auto	165.–
Bausparvertrag *building savings account*	100.–
andere Ausgaben	150.–
	1989.–

Haushaltskasse
Monatliche Ausgaben in Euro für den privaten Verbrauch je Haushalt im Jahr 2004
Angaben: Statistisches Bundesamt

Miete — rent

Miete, Strom, Heizung	600 €
Auto, Verkehrsmittel	355 €
Essen und Trinken	286 €
Freizeit, Kultur *furnishings*	231 €
Einrichtung, Haushaltsgeräte	175 €
Kleidung, Schuhe	156 €
Restaurant, Hotel	118 €
Gesundheit	99 €
Alkohol, Tabakwaren	94 €
Sonstige Ausgaben *other*	83 €
Versicherungen *insurance*	78 €
Telefon, E-Mail, Internet	59 €
Körperpflege *body care*	53 €
Persönliche Anschaffungen *personal acquisitions*	29 €
Bildung *education*	18 €

Kavalierstart

● hui, hui, hui, hui, hui, hui, hui, hui …

■ Na, will er heute nicht?

● hui, hui, hui, hui, hui, ploff, ploff – ploff – Mist!

■ Zu viel Gas gegeben. Jetzt sind die Zündkerzen nass.

● hui, hui, hui, hui, ploff, ploff, ploffploffploff … Nun komm schon endlich!

■ Jetzt kommt er gleich. Nicht aufs Gaspedal drücken!

● hui, hui, hui, hui, ploff, ploff – ploff – peng! – Verdammte Mistkarre!

■ Oder es ist der Verteiler …

● hui, hui, hui, hui, hui, hui, hui, hui …

■ Vorsicht mit der Batterie. Lange tut sie's nicht mehr.

● hui, hui, hui, hui, ploffploff-patsch-peng … hui, hui – hui. – So eine Mistkarre, so eine verdammte!

■ Also, ich würde mal ein paar Stunden warten. Damit die Zündkerzen trocknen …

● hui, hui, hui, hui, hu … hu …. hu ….. i …… i ……

■ Gute Nacht!

1 sich verlieben ◆ 2 sich küssen 3 sich streiten 4 die Hochzeit
5 die Kinder erziehen ◆ 6 die Geburt 7 der Großvater 8 der Enkel
9 die Enkelin 10 die Großmutter

FAMILIE

Die beste Lösung für Barbara

Er findet mich zu dick – ich versuche, ~~zu~~ abzunehmen.

Er mag keine Zigaretten – ich versuche, weniger zu rauchen.

Er findet mich zu nervös – ich versuche, ruhiger zu sein.

Er liebt Pünktlichkeit – ich versuche, pünktlicher zu sein.

Er findet mich langweilig – ich versuche, aktiver zu sein.

Er findet mich unfreundlich – ich versuche, netter zu sein

Er sagt, ich arbeite zu viel – ich versuche, weniger zu arbeiten.

Er will mich ganz anders – ich versuche, einen anderen Mann zu finden.

(handschriftliche Notiz am linken Rand: wenig zu ~~woing~~ P145)

§ 30

1. Was macht Barbara?

Barbaras Mann sagt:	Was macht Barbara?
„Du isst zu viel."	Sie versucht, weniger zu essen.
„Ich mag es nicht, dass du rauchst."	Sie versucht, ... *weniger zu rauche*
„Du bist zu unruhig."	Sie *versucht ruhiger zu sein*
„Du kommst schon wieder zu spät."	*Sie versucht pünktlicher zu sein*
„Andere Frauen sind aktiver."	*Sie versucht aktiver zu sein*
„Warum lachst du nie?"	*Sie versucht mehr zu ...*
„Du kommst immer so spät aus dem Büro."	*früher nach hause zu kommen*
„Dein Essen schmeckt nicht."	*ihn zu animieren.* *to inspire him*

2. Was gefällt Ihnen bei anderen Leuten? Was gefällt Ihnen nicht?

Ich hasse es, wenn jemand zu viel redet.

Unhöfliche Leute kann ich nicht leiden.

Ich mag lustige Leute.

Mir gefällt es, wenn jemand Humor hat.

Tiere mögen   zu viel Alkohol trinken
dauernd über Geld sprechen
gut aussehen   oft schlechte Laune haben
Kinder mögen   rauchen   …

aggressiv höflich dumm doof laut
dick langweilig ehrlich pünktlich
intelligent neugierig freundlich …

3. Wie finden Sie Ihre Freunde, Ihre Bekannten, Ihre …? Was gefällt Ihnen? Was gefällt Ihnen nicht?

Mein Nachbar versucht immer, mich zu ärgern.

Mein Freund hat nie Lust, mit mir tanzen zu gehen.

Mein Meine	Kollege Kollegin Chef(in) Nachbar(in) Freund(in) Schwester Bruder Lehrer(in) …	vergisst versucht hat hilft mir	immer, meistens, oft, manchmal, … selten nie … nie, selten,	mir mich sich sich mit mir mit mir essen/tanzen eine Pause über Politik die Wohnung …	zu helfen. / zu reden. zu ärgern. / zu entschuldigen. zu unterhalten. / anzurufen. zu gehen. / einzuladen. zu flirten. / zu machen. zu kritisieren. / zu kochen. zu … aufzuräumen. …

Lust, Zeit,

4. Wolfgang und Carola haben Streit.

a) Hören Sie den Dialog.

b) Was ist richtig?

nach neun

A Wolfgang kommt zu spät nach Hause, weil
- ☐ er länger arbeiten musste.
- ☑ ein Kollege Geburtstag hatte. ✓
- ☐ er eine Kollegin nach Hause gebracht hat.

B Wolfgang wollte Carola anrufen, aber
- ☑ es war dauernd besetzt. ✓
- ☐ das Telefon war kaputt.
- ☐ er konnte kein Telefon finden.

C Carola hat
- ☐ gar nicht telefoniert.
- ☐ ihre Mutter in Bremen angerufen.
- ☑ mit ihrer Schwester in Budapest telefoniert. ✓

D Wolfgang ärgert sich, weil
- ☑ die Telefonrechnungen immer sehr hoch sind. ✓
- ☐ Carola kein Abendessen gemacht hat.
- ☐ Carola zu viel Geld für Kleider ausgibt.

E Carola ist unzufrieden, weil
- ☐ Wolfgang am Wochenende immer arbeitet. ✗
- ☐ Wolfgang zu wenig Geld verdient.
- ☑ Wolfgang zu wenig mit ihr spricht. ✓

5. Auch Hertha und Georg streiten sich ziemlich oft. Sie gehen zu einem Eheberater und erzählen ihm ihre Probleme.

marriage counsellor

a) Was kritisiert Georg an Hertha? Was kritisiert Hertha an Georg? Was meinen Sie? Finden Sie für jeden fünf Sätze. Sie können auch selbst Sätze bilden.

Er/Sie vergisst … hilft … versucht … hat nie Lust … hat nie Zeit … hat nicht gelernt … hat Angst …

b) Wenn Sie möchten, können Sie das Gespräch auch spielen.

Sie hilft mir nie, das Auto zu waschen.

mich morgens wecken   Geld sparen *save*

den Fernseher ausmachen *switch off*

mich küssen   mir alles erzählen

die Wohnung aufräumen

ins Kino gehen   in der Küche helfen

Frühstück machen

Kinder in den Kindergarten bringen

sich duschen

mit den Kindern spielen

mit anderen Männern flirten

…   Hosen in den Schrank hängen

Thema des Tages

Junge Paare heute:
Erst mal leben – Kinder später

Wenn junge Paare heute heiraten, dann wollen sie meistens nicht sofort Kinder bekommen. Viele möchten in den ersten Ehejahren frei sein und das Leben genießen. Andere wollen zuerst mal Karriere machen und Geld verdienen, um sich ein eigenes Haus, schöne Möbel und ein neues Auto kaufen zu können. Kinder sollen erst später oder überhaupt nicht kommen. Eine Untersuchung der Universität Bielefeld hat gezeigt:

● Nur 10 Prozent der jungen Ehepaare wollen gleich nach der Heirat Kinder.
● 30 Prozent haben keine klare Meinung. Eigentlich möchten sie Kinder, aber sie finden, dass Beruf, Karriere, Reisen und Anschaffungen in den ersten Ehejahren genauso wichtig sind.
● 60 Prozent finden, dass berufliche Karriere und Anschaffungen am Anfang der Ehe wichtiger sind. Nach einigen Jahren möchten sie dann vielleicht auch Kinder haben.

6. **Hören Sie vier Interviews. Wie passen die Sätze zusammen?**   1/39-42

Martin (30) und Astrid (28) Harig, Lehrer/Verkäuferin, Gütersloh

Heinz (23) und Agnes (21) Lehnert, Bürokaufmann/ Auszubildende (Verlagskauffrau), Halle

Volker (25) und Bärbel (26) Sowisch, Angestellter/Beamtin, Celle

Thomas (29) und Claudia (26) Tempe, Fahrlehrer/Arzthelferin, Ulm

Astrid meint, ■
Sie möchte mit ihrem Mann ■
Kinder würden ■
Heinz und seine Frau ■
Er hofft, ■
Außerdem möchte er, dass seine Frau ■
Bärbel und ihr Mann wollen jetzt noch kein Baby, ■
Bärbel muss arbeiten, ■
Außerdem müssen sie ■
Claudia sagt, ■
Sie und ihr Mann ■
Sie meinen, ■

C a) dass junge Eltern für Kinder besser sind.
B b) lieben Kinder sehr.
c) noch viel für ihre Wohnung anschaffen.
d) obwohl sie Kinder lieben.
A e) dass ein Ehepaar keine Kinder haben muss.
C f) dass sie sofort ein Kind haben will.
H g) erst noch ihren Abschluss macht.
A h) oft in Konzerte gehen.
A i) sie und ihren Mann nur stören.
B j) weil ihr Mann nicht viel verdient.
H k) wollen noch drei Jahre ohne Kinder bleiben.
H l) dass sie dann eine Wohnung mit Garten haben.

we are getting engaged.

Wir haben geheiratet

Helmut Schwarz

Burglind Schwarz
geb. Marquardt

33689 Bielefeld,
Am Stadion 20

ZZ. auf Hochzeitsreise

Wir verloben uns

Karin Bonner
Moorpad 7
26345 Bockhorn

Michael Kreymborg
Hinterbusch 22
26316 Varel

1/43

7. Hören Sie den Modelldialog. Machen Sie weitere Dialoge nach diesem Muster.

● Sag mal: Stimmt es, dass Burglind geheiratet hat?

■ Ja, das habe ich auch gehört.

● Und – ist er nett?

■ Ich weiß nur, dass er Helmut heißt.

● Kennt sie ihn schon lange?

■ Das weiß ich nicht. Sie hat ihn im Urlaub kennengelernt, glaube ich.

Nebensatz mit „dass"	Hauptsatz
Ich habe gehört, dass Burglind geheiratet hat.	Burglind hat geheiratet.

§ 14, 25

a) Burglind hat geheiratet. Ihr Mann heißt Helmut. Sie hat ihn im Urlaub kennengelernt.

b) Karin hat sich verlobt. Ihr Verlobter heißt Michael. Sie hat ihn in einer Diskothek kennengelernt.

c) Giorgio hat eine Freundin. Sie ist Italienerin. Er hat sie im Deutschkurs kennengelernt.

d) Max hat geheiratet. Seine Frau ist Sekretärin. Er hat sie in seiner Firma kennengelernt.

e) Herr Krischer hat sich verlobt. Seine Verlobte heißt Maria. Er hat sie in der Universität kennengelernt.

f) Ina hat einen neuen Freund. Er ist Ingenieur. Sie hat ihn in der U-Bahn kennengelernt.

1/44

8. Meinungen, Urteile, Vorurteile …

judgements — prejudices — klatsch.

convinced.

Ich glaube, dass Liebe in der Ehe am wichtigsten ist.
Ich bin dagegen, dass eine Ehefrau arbeitet.
Ich glaube, dass die Ehe die Liebe tötet.
Ich bin überzeugt, dass alle Frauen gern heiraten wollen.
Ich bin der Meinung, dass eine Ehe ohne Kinder nicht glücklich sein kann. *marriage*
Ich bin sicher, dass die Ehe in 50 Jahren tot ist.
Ich finde, dass man schon sehr jung heiraten soll.

 a) Was denken Sie über die Ehe? Schreiben Sie fünf Sätze.

b) Wie finden Sie die Meinungen der anderen Kursteilnehmer?

Das ist nicht ganz falsch.

Ich finde, dass …

Das ist doch Unsinn!

Ich bin dafür, dass …

Na ja, ich weiß nicht.

Sicher, aber ich meine, dass …

hochzeit – wedding
ich heirate.
unterschiedliche
gleichgeschlechtliche – same sex marriages

» So ist es jeden Abend «

Im Sommer ist es schön, weil wir dann abends in den Garten gehen. Dann grillen wir immer, und mein Vater macht ganz tolle Salate und Soßen.

🌀 *Nicola, 9 Jahre*

Bei uns möchte jeder abends etwas anderes. Ich möchte mit meinen Eltern spielen, meine Mutter möchte sich mit meinem Vater unterhalten, und mein Vater will die Nachrichten sehen. Deshalb gibt es immer Streit.

🌀 *Holger, 11 Jahre*

Bei uns gibt es abends immer Streit. Mein Vater kontrolliert meine Hausaufgaben und regt sich über meine Fehler auf. Meine Mutter schimpft über die Unordnung im Kinderzimmer. Dann gibt es Streit über das Fernsehprogramm. Mein Vater will Politik sehen und meine Mutter einen Spielfilm. So ist das jeden Abend.

🌀 *Heike, 11 Jahre.*

Mein Vater will abends immer nur seine Ruhe haben. Wenn wir im Kinderzimmer zu laut sind, sagt er immer: „Entweder ihr seid still oder ihr geht gleich ins Bett!"

🌀 *Susi, 8 Jahre*

Ich möchte abends gern mit meinen Eltern spielen. Mutter sagt dann immer: „Ich muss noch aufräumen" oder „Ich fühle mich nicht wohl". Und Vater will fernsehen.

🌀 *Sven-Oliver, 8 Jahre*

Bei uns ist es abends immer sehr gemütlich. Meine Mutter macht ein schönes Abendessen, und mein Vater und ich gehen mit dem Hund spazieren. Nach dem Essen darf ich noch eine halbe Stunde aufbleiben.

🌀 *Petra, 9 Jahre*

Meine Mutter möchte abends manchmal weggehen, ins Kino oder so, aber mein Vater ist immer müde. Oft weint meine Mutter dann, und mein Vater sagt: „Habe ich bei der Arbeit nicht genug Ärger?"

🌀 *Frank, 10 Jahre*

Wenn mein Vater abends um sieben Uhr nach Hause kommt, ist er ganz kaputt. Nach dem Essen holt er sich eine Flasche Bier aus dem Kühlschrank und setzt sich vor den Fernseher. Meine Mutter sagt dann immer: „Warum habe ich dich eigentlich geheiratet?"

ich verheirate meine Tochter
4ou

9. Familienabend

a) Zu welchen Texten von Seite 65 passen die Sätze? Welche passen zu keinem Text?

Nicola	Holger	Heike	Susi	Sven	Petra	Frank	Brigitte	niemand

A Der Vater will jeden Abend fernsehen.

B Der Vater hat schlechte Laune, weil er sich im Betrieb geärgert hat.

C Der Vater muss abends lange arbeiten.

D Dem Vater schmeckt das Essen nicht.

E Die Mutter ist ärgerlich, weil der Vater abends immer müde ist.

F Die Mutter schimpft immer über die Unordnung im Kinderzimmer.

G Abends kommt oft Besuch.

H Die Kinder sind abends alleine, weil die Eltern weggehen.

I Die Kinder dürfen abends ihre Freunde einladen.

J Die Eltern haben abends keine Lust, mit den Kindern zu spielen.

K Es gibt Streit über das Fernsehen.

L Der Abend ist immer sehr gemütlich.

M Die Kinder müssen entweder ruhig sein, oder sie müssen ins Bett.

10. Was macht der Mann abends? Was macht die junge Frau abends?

a) Hören Sie die Texte auf der Kassette.

b) Welche Stichworte passen zu Günter Ⓖ , welche zu Vera Ⓥ ?

Günter Kramer (31),
Bürokaufmann,
verheiratet, 2 Kinder,
Hannover

Vera Meister (24),
Sekretärin, ledig,
Berlin

- alte Filme
- Bekannte treffen
- ein Bier
- Stammkneipe
- erst mal müde
- etwa fünf Uhr
- Dusche

- fernsehen
- Freunde einladen
- gegen sieben Uhr
- Jazztanz
- Kaffee trinken
- Kinder: spielen / Hausaufgaben

- nicht fernsehen
- nicht stören dürfen
- Theaterabonnement
- tolles Menü
- Viertel nach vier

- Zeitung
- Sauna
- zu Hause bleiben
- zweimal pro Woche zum Sport

c) Berichten Sie: Wie verbringen Günter und Vera ihren Feierabend?
Günter kommt meistens gegen fünf Uhr nach Hause. Dann …

d) Was machen Sie abends? Erzählen Sie.

11. Die Familie in Deutschland früher und heute

Früher ...

- heiratete man sehr früh.
- verdiente nur der Mann Geld.
- kümmerte sich der Vater nur selten um die Kinder.
- hatten die Familien viele Kinder.
- half der Mann nie im Haushalt.
- erzog man die Kinder sehr streng.
- lernten nur wenige Frauen einen Beruf.
- wurden die Kinder geschlagen.
- lebten die Großeltern meistens bei den Kindern.
- lebten keine unverheirateten Paare zusammen.
- war der Mann der Herr im Haus.

Heute ...

_____

_____

_____

_____

_____

_____

_____

_____

_____

_____

_____

_____

> § 19

| auch | oft/öfter | weniger | seltener | meistens | später | nicht so | mehr | ... |

Heute Präsens	Früher Präteritum
Man ist ...	Man war ...
Man hat ...	Man hatte ...
Man heiratet ...	Man heiratete ...
Man erzieht ...	Man erzog ...

Fünf Generationen auf dem Sofa

So ein Foto gibt es nur noch selten: fünf Generationen auf einem Sofa. Zusammen sind sie 244 Jahre alt: von links Sandras Urgroßmutter Adele (75), Sandras Großmutter Ingeborg (50), Sandra (2), Sandras Mutter Ulrike (23), Sandras Ururgroßmutter Maria (94).

Zwischen der Ururgroßmutter und der Ururenkelin liegen 92 Jahre. In dieser langen Zeit ist vieles anders geworden, auch die Familie und die Erziehung.

Mit 30 hatte sie schon sechs Kinder.

Maria lebt in einem Altersheim. Trotzdem ist sie nicht allein; eine Tochter oder ein Enkelkind ist immer da, isst mit ihr und bleibt, bis sie im Bett liegt. Maria ist sehr zufrieden – viele alte Leute bekommen nur sehr selten Besuch. Marias Jugendzeit war sehr hart. Eigentlich hatte sie nie richtige Eltern. Als sie zwei Jahre alt war, starb ihr Vater. Ihre Mutter vergaß ihren Mann nie und dachte mehr an ihn als an ihre Tochter. Maria war deshalb sehr oft allein, aber das konnte sie mit zwei Jahren natürlich noch nicht verstehen. Ihre Mutter starb, als sie 14 Jahre alt war. Maria lebte dann bei ihrem Großvater. Mit 17 Jahren heiratete sie, das war damals normal. Ihr erstes Kind, Adele, bekam sie, als sie 19 war. Mit 30 hatte sie schließlich sechs Kinder.

Maria, 94 Jahre alt, Ururgroßmutter

Sie wurde nur vom Kindermädchen erzogen.

Adele lebte als Kind in einem gutbürgerlichen Elternhaus. Wirtschaftliche Sorgen kannte die Familie nicht. Nicht die Eltern, sondern ein Kindermädchen erzog die Kinder. Sie hatten auch einen Privatlehrer. Mit ihren Eltern konnte sich Adele nie richtig unterhalten; sie waren ihr immer etwas fremd. Was sie sagten, mussten die

Adele, 75 Jahre alt,
Urgroßmutter

Kinder unbedingt tun. Wenn zum Beispiel die Mutter nachmittags schlief, durften die Kinder nicht laut sein und spielen. Manchmal gab es auch Ohrfeigen. Als sie 15 Jahre alt war, kam Adele in eine Mädchenschule. Dort blieb sie bis zur mittleren Reife. Dann lernte sie Kinderschwester, musste jedoch die Ausbildung wegen des Krieges abbrechen. Aber eigentlich fand sie es nicht so wichtig, einen Beruf zu lernen, denn sie wollte auf jeden Fall lieber heiraten und eine Familie haben. Auf Kinder freute sie sich besonders. Die wollte sie dann aber freier erziehen, als sie selbst erzogen worden war, denn an ihre eigene Kindheit dachte sie schon damals nicht so gern zurück.

Das Wort der Eltern war Gesetz.

Ingeborg hatte ein wärmeres und freundlicheres Elternhaus als ihre Mutter Adele. Sie fühlte sich bei ihren Eltern immer sehr sicher. Aber trotzdem, auch für sie war das Wort der Eltern Gesetz. Wenn zum Beispiel Besuch im Haus war,

Ingeborg, 50 Jahre alt,
Großmutter

dann mussten die Kinder gewöhnlich in ihrem Zimmer bleiben und ganz ruhig sein. Am Tisch durften sie nur dann sprechen, wenn man sie etwas fragte. Die Eltern haben Ingeborg immer den Weg gezeigt. Selbst hat sie nie Wünsche gehabt. Auch in ihrer Ehe war das so. Heute kritisiert sie das. Deshalb versucht sie jetzt mit 50 Jahren, selbstständiger zu sein und mehr an sich selbst zu denken. Aber weil Ingeborg das früher nicht gelernt hat, ist das für sie natürlich nicht leicht.

Der erste Rebell in der Familie.

Ulrike wollte schon früh anders leben als ihre Eltern. Für sie war es nicht mehr normal, immer nur das zu tun, was die Eltern sagten. Noch während der Schulzeit zog sie deshalb zu Hause aus. Ihre Eltern konnten das am Anfang nur schwer verstehen. Mit 21 bekam sie ein Kind, aber den Mann wollte sie nicht heiraten. Trotzdem blieb sie mit dem Kind nicht allein. Ihre Mutter,

Ulrike, 23 Jahre alt,

aber auch ihre Großmutter halfen ihr. Beide konnten Ulrike sehr gut verstehen. Denn auch sie wollten in ihrer Jugend eigentlich anders leben als ihre Eltern, konnten es aber nicht.

Sie bekommt sehr viel Liebe.

Die kleine Sandra wird von allen geliebt. Die Erwachsenen wollen, dass das kleine Mädchen eine schönere Kindheit hat als sie selbst. Sandra muss nur ins Bett, wenn sie müde ist, und sie soll auch nicht brav in ihrem Stuhl sitzen. Das sahen wir bei unserem Besuch in der Familie. Sie darf spielen, wann und wo sie möchte, denn sie wird schon jetzt frei erzogen. Die Wünsche eines kleinen Kindes zu akzeptieren – das wäre früher unmöglich gewesen.

12. Maria, Adele, Ingeborg, Ulrike, Sandra

Welche Sätze passen zur Jugendzeit von Maria, Adele, Ingeborg, Ulrike und Sandra?
Diskutieren Sie die Antworten.

a) Die Kinder machen, was die Eltern sagen.
b) Die Kinder sollen selbstständig und kritisch sein.
c) Die Kinder wollen anders leben als ihre Eltern.
d) Die Eltern haben viele Kinder.
e) Frauen müssen verheiratet sein, wenn sie ein Kind wollen.

f) Die Wünsche der Kinder sind unwichtig.
g) Der Vater arbeitet, und die Mutter ist zu Hause.
h) Man hat gewöhnlich nur ein oder zwei Kinder.
i) Frauen heiraten sehr jung.
j) Frauen wollen lieber heiraten als einen Beruf haben.

13. Damals und heute

a) So ist die Kindheit von Sandra (2) heute.

Sandra wird frei erzogen. Dadurch kann sie schon früh selbstständig werden. Natürlich muss sie nicht immer machen, was ihre Mutter Ulrike sagt. Ohrfeigen bekommt sie nie, auch wenn sie größer ist. Ihre Mutter kümmert sich viel um sie und spielt oft mit ihr. Mutter und Tochter verstehen sich sehr gut. Sandra ist ein intelligentes Kind. Sie kommt später sicher aufs Gymnasium. Ulrike möchte, dass ihre Tochter das Abitur macht. Studium und Beruf findet Sandra später einmal bestimmt genauso wichtig wie Ehe und Kinder.

›
§ 19

b) Wie war die Kindheit von Sandras Urgroßmutter Adele? Erzählen Sie.
   Lesen Sie vorher noch einmal den Text über Adele auf S. 69.

Präteritum	
schwache Verben	**starke Verben**
sagt – sagte	wird – wurde
macht – machte	kommt – kam
kümmert – kümmerte	bekommt – bekam — to obtain
spielt – spielte	findet – fand
	versteht – verstand

Adele wurde ziemlich streng erzogen.
Nicht ihre Eltern, sondern ...

Sie hatte ...

14. Wie waren Ihre Jugend und Ihre Erziehung? Erzählen Sie.

Sie können folgende Wörter und Sätze verwenden:

| Ich | musste
durfte
sollte
konnte | selten
nie
oft
manchmal
meistens
jeden Tag
immer
gewöhnlich
regelmäßig | … | Ich habe | immer
oft
nie
selten
… | Lust/Zeit/Angst gehabt,
versucht,
… | … zu … |

| | | Mein Vater/Bruder
Meine Mutter/Schwester | | war
hat | nie
… | … |

Ich habe mich		immer	über	…	geärgert.
Meine Eltern haben	sich	selten	für		gefreut.
Mein Vater hat		oft	…		interessiert.
Meine Mutter hat		…			aufgeregt.
					…

aufpassen auf, anziehen, aufstehen, einkaufen, essen, fragen, mitkommen, schlafen gehen, lügen, stören, bleiben, tragen, sich unterhalten, verbieten, kritisieren, singen, arbeiten, aufräumen, ausgeben, bekommen, mitgehen, putzen, studieren, rauchen, spielen, tanzen, helfen, kochen, spazieren gehen, Sport treiben, machen, fernsehen, schwimmen, weggehen, telefonieren

15. Jeder hat vier Urgroßväter und vier Urgroßmütter.

a) Der Vater der Mutter meiner Mutter ist mein Urgroßvater.
   Der Vater der Mutter meines Vaters ist mein Urgroßvater.
   Der Vater des Vaters meines Vaters ist mein Urgroßvater.
   Der Vater des Vaters meiner Mutter ist mein Urgroßvater.

b) Die Mutter der …
   Die Mutter des …

> §4

16. Machen Sie ein Fragespiel.

Der Mann der Schwester meiner Mutter: Wer ist das?

Das ist dein Onkel.

Die Frau des Vaters meiner…
Die Tochter der …

Das ist …

a) Onkel – Tante

b) Neffe – Nichte

c) Enkel – Enkelin

d) Cousin – Cousine

e) Sohn – Tochter

f) Bruder – Schwester

g) Schwager – Schwägerin

h) Großmutter (Oma) – Großvater (Opa)

i) Urgroßmutter – Urgroßvater

Kalter Kaffee

● Der Kaffee ist wieder mal kalt, Liselotte!

■ Aber Erich, der Kaffee ist doch nicht kalt!

● Jedenfalls ist er nicht heiß.

■ Aber du kannst doch nicht im Ernst behaupten, Erich, dass der Kaffee kalt ist.

● Wenn ich sage, dass der Kaffee kalt ist, so will ich damit sagen, dass er nicht heiß ist. Das ist eine Tatsache.

■ Was? Dass der Kaffee kalt ist? *fact*

● Nein, dass er nicht heiß ist.

■ Du gibst also zu, dass er nicht kalt ist!

● Liselotte – der Kaffee … ist … wieder mal … nicht heiß! *strong yes (almost military)*

■ Vorhin hast du gesagt, er ist wieder mal kalt.

● Und damit wollte ich sagen, dass er nicht heiß ist.

■ Also, ich finde, dass der Kaffee warm ist. Jawohl, warm! Und so soll er auch sein.

● Nein. Der Kaffee muss heiß sein, wenn er schmecken soll. Und es stimmt auch nicht, dass er warm ist. Er ist höchstens lauwarm. *at least luke warm.*

■ Wenn er lauwarm ist, dann ist er nicht kalt.

● Lauwarmer Kaffee ist noch schlimmer als kalter Kaffee.

■ Und warum, glaubst du, ist der Kaffee lauwarm?

● Weil du ihn wieder mal nicht heiß auf den Tisch gestellt hast.

■ Nein, mein Lieber! Weil du ihn nicht trinkst, sondern seit zehn Minuten behauptest, dass er kalt ist.

der Frühling

der Sommer

der Winter

der Herbst

der Berg

der Wald

der See

NATUR UND UMWELT

1. Beschreiben Sie die Bilder.

Was glauben Sie:
Wo können diese Landschaften
vielleicht sein?
Wie ist das Klima dort?
Diskutieren Sie darüber.
Sie können dabei die folgenden
Wörter benutzen.

Thermometer

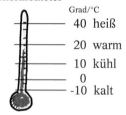

Grad/°C

— 40 heiß

— 20 warm

— 10 kühl
— 0
— -10 kalt

Sonne
die Sonne scheint

Regen
es regnet

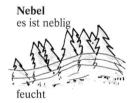

trocken   nass

Nebel
es ist neblig

feucht

Schnee
es schneit
Eis

Wind

Baum

Pflanze

Boden

A

B

C

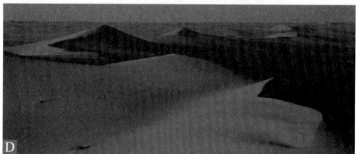

D

E

2. Zu welchen Bildern (A, B, C, D oder E) passen die Sätze?

❯
§ 14, 16,
§ 17

☐ In Sibirien kann es extrem kalt sein.

☐ Für Menschen ist es ziemlich ungesund, aber ideal für viele Tiere und Pflanzen.

☐ Es gibt plötzlich sehr starke Winde und gleichzeitig viel Regen.

☐ Die Temperaturunterschiede zwischen Sommer und Winter sind sehr groß.

☐ In der Wüste ist es sehr heiß und trocken.

☐ Der Golf von Biskaya ist ganz selten ruhig und freundlich.

☐ Nur im Sommer ist der Boden für wenige Wochen ohne Eis und Schnee.

☐ Besonders im Norden gibt es im Herbst sehr viel Nebel.

☐ Das Klima ist extrem: Nachts ist es kalt und am Tage heiß. In 24 Stunden kann es Temperaturunterschiede bis zu 50 Grad geben.

☐ Typisch ist der starke Regen jeden Tag gegen Mittag.

☐ In den langen Wintern zeigt das Thermometer manchmal bis zu 60 Grad minus.

☐ Großbritannien hat ein feuchtes und kühles Klima mit viel Regen und wenig Sonne.

☐ Deshalb gibt es dort wenig Leben, nur ein paar Pflanzen und Tiere.

☐ Das Meer ist hier auch für moderne Schiffe gefährlich.

☐ Das Klima im Regenwald ist besonders heiß und feucht.

☐ Bäume werden bis zu 60 Meter hoch.

> Es gibt Nebel / ein Gewitter / schönes Wetter / ...
> Es ist kalt / heiß / schlechtes Wetter / ...
> Es schneit/regnet/...

3. Wie ist das Wetter?

Hören Sie die Dialoge. Welches Wetter ist gerade in Dialog A, B, C, D und E?

2/1

Nebel ☐   Regen ☐   Gewitter ☐   kalt ☐   sehr heiß ☐

4. Wie wird das Wetter?

a) Lesen Sie den Wetterbericht.

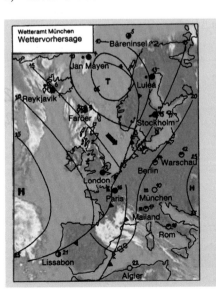

Wetteramt München
Wettervorhersage

Zeichenerklärung:

○ wolkenlos
◔ fast wolkenlos
◑ wolkig
◕ fast bedeckt
● bedeckt
• Regen
▽ Regenschauer
≡ Nebel
✳ Schnee
𝍌 Gewitter
▲ Kaltfront
H Hochdruckgebiet
T Tiefdruckgebiet
⇨ warme Luftströmung
➡ kalte Luftströmung
Temperaturen in Grad C.
Luftdruck in hPa

Wetterlage: Das Tief über Großbritannien zieht allmählich nach Osten und bringt kühle Meeresluft und Regen in den Norden Deutschlands. Das Hoch über den Alpen bestimmt weiter das Wetter in Süddeutschland.

Vorhersage für Sonntag, den 10. Juni:
Norddeutschland: Morgens noch trocken, gegen Mittag wolkig und ab Nachmittag Regen. Den ganzen Tag starker Wind aus Nordwest. Tageshöchsttemperaturen zwischen 14 und 18 Grad, Tiefsttemperaturen nachts um 10 Grad.

Süddeutschland: In den frühen Morgenstunden Nebel, sonst trocken und sonnig. Tagestemperaturen zwischen 20 und 24 Grad, nachts um 12 Grad. Am späten Nachmittag und am Abend Gewitter, schwacher Wind aus Südwest.

Familie Wertz wohnt in Norddeutschland, in Husum an der Nordsee.

Familie Bauer wohnt in Süddeutschland, in Konstanz am Bodensee.

b) Beide Familien überlegen, was sie am Wochenende machen können. Sie lesen deshalb den Wetterbericht. Was können sie machen? Was nicht? Warum?

morgens einen Ausflug mit dem Fahrrad machen	nachmittags im Garten arbeiten
morgens segeln	nachmittags baden gehen
morgens im Garten Tischtennis spielen	nachmittags eine Gartenparty machen
mittags das Auto waschen	abends einen Spaziergang machen
nachmittags im Garten mit den Kindern spielen	

5. Wetterbericht

a) Hören Sie die Wetterberichte.

b) Der erste Wetterbericht ist für Süddeutschland. Wie ist das Wetter dort? Regen? Schnee? Wolkig? Nebel? Wind? Wie stark? Temperatur am Tag? Nachts?

c) Der zweite Wetterbericht ist ein Reisewetterbericht für verschiedene Länder. Wie ist das Wetter in den Ländern?

	Regen	sonnig	wolkig	Gewitter	trocken	°C
Österreich	✓		✓			-18-22°
Griechenland und Türkei		✓		✓		28·34 ✓
Norwegen, Schweden, Finnland		✓	✓		✓	20°C.

6. Erzählen Sie.

a) Sicher haben Sie heute schon den Wetterbericht gelesen oder gehört. Erzählen Sie, wie das Wetter morgen wird.

b) Wie gefällt Ihnen das Klima in Ihrem Wohnort? Macht Sie das Klima/Wetter manchmal krank? Was tun Sie dann? Welches Klima/Wetter mögen Sie am liebsten? Warum?

7. Ordnen Sie zu.

4 der Berg
◻ das Dorf
◻ das Ufer *river bank.*
◻ die Wiese
◻ das Gebirge
◻ der Rasen -

◻ der See
◻ der Fluss
◻ der Park
◻ der Wald
◻ das Tal

? Preisrätsel
Kennen Sie Deutschland?

Wenn Sie an Deutschland denken, denken Sie dann auch zuerst an Industrie, Handel und Wirtschaft? Ja? Dann kennen Sie unser Land noch nicht richtig.

Deutschland hat sehr verschiedene Landschaften: flaches Land im Norden mit herrlichen Stränden an Nordsee und Ostsee, Mittelgebirge mit viel Wald im Westen, im Südosten und im Süden, und hohe Berge in den Alpen. Auch das überrascht Sie vielleicht: Rund 30% der Bodenfläche in Deutschland sind Wald.

Obwohl unser Land nicht sehr groß ist – von Norden nach Süden sind es nur 850 km und von Westen nach Osten nur 600 km –, ist das Klima nicht überall gleich. Der Winter ist im Norden wärmer als im Süden oder Osten, deshalb gibt es dort im Winter auch weniger Schnee.

Anders ist es im Sommer: Da ist das Wetter im Süden und Osten häufig besser als im Norden; es regnet weniger, und die Sonne scheint öfter.

Wenn Sie mehr über die Landschaften in Deutschland wissen wollen, machen Sie mit bei unserem Quiz. Sie können Reisen nach Deutschland gewinnen, um unser Land persönlich kennen zu lernen.

Beantworten Sie die Fragen.
Schicken Sie die Antworten bis zum 31. März an: *die Fläche – area.* *herrlichen magnificent.*

Deutsche Zentrale für Fremdenverkehr
Postfach 600 *tourism*
D-60549 Frankfurt/Main

1. Wie heißen die Inseln, die in der Nordsee liegen?

2. Wie heißt der Wald, der zwischen Main und Neckar liegt?

3. Wie heißen die Gebirge, die zur Tschechischen Republik und zu Deutschland gehören?

4. Wie heißt die Landschaft, die südlich von Hamburg liegt?

5. Wie heißt der See, durch den der Rhein fließt?

6. Wie heißt das Mittelgebirge, durch das die Weser fließt?

7. Wie heißt der Wald, aus dem die Donau und der Neckar kommen?

1. Preis:
14-Tage-Rundreise durch Deutschland für zwei Personen

2. Preis:
7-Tage-Reise für zwei Personen auf die Insel Rügen

3. Preis:
3-Tage-Reise für zwei Personen nach Berlin

4. Preis: Wochenendreise für eine Person nach München

5.–10. Preis: 12 Flaschen deutscher Wein

11.–30. Preis: 1 CD mit deutschen Volksliedern

31.–50. Preis: 1 Landkarte von Deutschland

8. Aus welcher Region Ihres Landes kommen Sie?

Wie ist die Landschaft dort?

Wie ist das Klima dort? (im Frühling, Sommer, Herbst, Winter)

Wie sind die Menschen dort?

Was ist dort besonders interessant?

9. Wie würden Sie einem Deutschen Ihr Land beschreiben?
Erzählen Sie oder schreiben Sie einen kleinen Text.

Ich komme aus …

Das liegt in …

Die Nachbarländer sind …

Im Norden/Süden/Westen/Osten liegt …

Die größten Flüsse / höchsten Berge / … sind …

Die schönste Landschaft ist …

Wir haben viele/wenige Wälder/Gebirge/Seen/Flüsse / …

Das Klima ist im Winter/Sommer …

…

> § 16

10. Schauen Sie die Deutschlandkarte genau an. Machen Sie selbst ein Quiz.

Wie heißt	der Wald/Fluss/Berg,	der	in den Alpen liegt und 2962 m hoch ist?
	das Mittelgebirge,	die	aus Frankreich / aus … kommt?
	die Landschaft,	das	in den / in … fließt?
	die Stadt/Insel,		in der …see liegt?
	das Meer,		durch den / durch …
	das Land,		…

durch	den	der Main / der Rhein / … fließt?	
in	die	*into which the Rhein flows*	
	das		

aus	dem	die Mosel / die Donau / … kommt?
	der	

> § 29

11. Machen Sie das Quiz auch mit Landschaften/Gebirgen/… in Ihrem Land.

Müll macht Spaß

Wir kaufen Schönheit. Wir kaufen Gesundheit.

Wir kaufen Getränke. Wir kaufen Essen.

Wir kaufen Freizeit. Wir kaufen Mobilität.

Wir kaufen Sauberkeit.

Konsumieren und wegwerfen –
das macht Spaß und ist bequem.

Und der Müll?

Müll macht Probleme

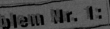

Die Menge

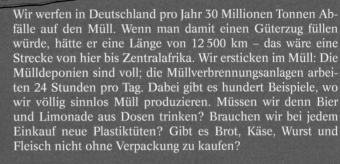

Wir werfen in Deutschland pro Jahr 30 Millionen Tonnen Abfälle auf den Müll. Wenn man damit einen Güterzug füllen würde, hätte er eine Länge von 12 500 km – das wäre eine Strecke von hier bis Zentralafrika. Wir ersticken im Müll: Die Mülldeponien sind voll; die Müllverbrennungsanlagen arbeiten 24 Stunden pro Tag. Dabei gibt es hundert Beispiele, wo wir völlig sinnlos Müll produzieren. Müssen wir denn Bier und Limonade aus Dosen trinken? Brauchen wir bei jedem Einkauf neue Plastiktüten? Gibt es Brot, Käse, Wurst und Fleisch nicht ohne Verpackung zu kaufen?

Machen Sie mit: Kaufen Sie bewusst ein!

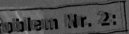

Die Verschwendung

Ein großer Teil der Dinge, die später auf den Müll kommen, wurde industriell produziert. Das kostet Arbeitskraft, Energie und Rohstoffe. Dabei gibt es zum Beispiel für Glas, Papier und Blechdosen eine viel bessere Lösung, nämlich das Recycling. Aus diesem „Müll" können wieder neue Produkte aus Glas, Papier und Blech hergestellt werden, wenn man sie getrennt sammelt. Auch Küchenabfälle (fast 50 Prozent des Mülls!) sind eigentlich viel zu schade für die Deponie. Durch Kompostierung kann man daraus gute Pflanzenerde machen.

Machen Sie mit: Sortieren Sie Ihren Müll!

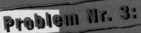

Die Gefahr

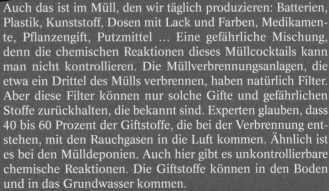

Auch das ist im Müll, den wir täglich produzieren: Batterien, Plastik, Kunststoff, Dosen mit Lack und Farben, Medikamente, Pflanzengift, Putzmittel … Eine gefährliche Mischung, denn die chemischen Reaktionen dieses Müllcocktails kann man nicht kontrollieren. Die Müllverbrennungsanlagen, die etwa ein Drittel des Mülls verbrennen, haben natürlich Filter. Aber diese Filter können nur solche Gifte und gefährlichen Stoffe zurückhalten, die bekannt sind. Experten glauben, dass 40 bis 60 Prozent der Giftstoffe, die bei der Verbrennung entstehen, mit den Rauchgasen in die Luft kommen. Ähnlich ist es bei den Mülldeponien. Auch hier gibt es unkontrollierbare chemische Reaktionen. Die Giftstoffe können in den Boden und in das Grundwasser kommen.

Machen Sie mit: Bringen Sie gefährlichen Müll zu einer Sammelstelle für Problemmüll!

12. Suchen Sie die Informationen im Text auf Seite 81.

a) Wie viel Müll produzieren die Deutschen jedes Jahr?
b) Wie viel Müll wird in den Müllverbrennungsanlagen verbrannt?
c) Es gibt zu viel Müll. Warum baut man nicht einfach noch mehr Müllverbrennungsanlagen?
   Wo ist das Problem?
d) Was versteht man unter „Recycling"?

13. Weniger Müll produzieren – wie kann man das machen? Was passt zusammen?

Wenn man einkaufen geht, …   … aus Holz kaufen.
Getränke …   … immer eine Einkaufstasche mitnehmen.
Brot nicht im Supermarkt, …   … kein Plastikgeschirr benutzen.
Obst und Gemüse nicht in Dosen, …   … nicht in Tüten kaufen.
Wenn man eine Party feiert, …   … nur in Pfandflaschen kaufen.
Wenn man Schnupfen hat, …   … ohne Plastikverpackung kaufen.
Spielzeug …   … sondern beim Bäcker kaufen.
Wurst, Fleisch und Käse …   … sondern frisch kaufen.
Milch und Saft …   … Taschentücher aus Stoff benutzen.
…

Finden Sie noch andere Beispiele.

Der grüne Punkt. Ein Konzept gegen den Müllberg.

„Ein neues Leben für alte Verpackungen."

Mit diesem Motto will das Duale System Deutschland AG etwas für den Umweltschutz tun. Seit 1991 sind Verpackungen, die nicht in die normale Mülltonne gehören, mit dem so genannten grünen Punkt gekennzeichnet. Sie sollen in speziellen Plastiksäcken oder Mülltonnen gesammelt werden. Dieser Müll wird für das Duale System abgeholt, dann per Hand sortiert und anschließend recycelt. Gesondert gesammelt werden auch Altglas, Altpapier, Biomüll, Sondermüll und Altkleider. Es gibt bundesweit verschiedene Sammelsysteme, weil jede Stadt und jede Gemeinde selbst entscheiden darf, ob sie öffentliche Container oder spezielle Mülltonnen und Müllsäcke für die privaten Haushalte anbietet.
1. In den meisten Regionen gibt es öffentliche Container für Glasflaschen, in denen weißes, grünes und braunes Glas getrennt gesammelt werden.
2. Auch für Pappe, Papier und Altkleider werden überwiegend Sammelcontainer angeboten.
3. Verpackungen mit dem Grünen Punkt (außer Glas und Pappe) werden meist in so genannten gelben Säcken gesammelt, regional aber auch in gelben Mülltonnen.
4. Wer seine biologischen Abfälle (Küchen- und Gartenabfälle) nicht auf dem eigenen Grundstück kompostieren kann, erhält dafür meistens eine grüne Biotonne; öffentliche Behälter sind eher selten.
5. Sondermüll (Schadstoffe) kann an bestimmten Tagen zur Mülldeponie oder zu einer mobilen Sammelstelle gebracht werden.

Kompliziert? Ganz einfach ist es jedenfalls nicht. Aber im Jahr 2002 haben die Bundesbürger so im Durchschnitt fast 80 Kilo Müll pro Person für das Recycling aussortiert. Dadurch gab es entsprechend weniger Restmüll. Ein schöner Erfolg, meinen viele, aber es gibt auch kritische Stimmen. Denn auch das Recycling kostet Wasser und Strom und belastet die Umwelt. Wer es ernst meint mit der Müllreduzierung, vermeidet unnötige Verpackungen, denn das ist die allerbeste Lösung.

a) Lesen Sie den Text über den Grünen Punkt.
b) Ordnen Sie die Müllarten 1–4 den Behältern auf Seite 83 zu.
c) Diskutieren Sie im Kurs, was Sie von dem Konzept des Dualen Systems halten.
d) Welche anderen Konzepte gegen den Müll kennen Sie? Wie ist es in Ihrem Land ?

14. Denken Sie schon beim Einkaufen an den Müll?

Interviews vor einem Supermarkt.

a) In welcher Reihenfolge werden die Personen interviewt?

2/3-8

1
Mülltrennung? Dazu kann ich gar nichts sagen.

2
Ich bin eine alte Frau und mache nicht mehr viel Müll.

3
Milch kaufe ich in Tüten, weil mir die Flaschen zu schwer sind.

4
Das Thema Müll geht mir langsam auf die Nerven.

5
Meine Kinder essen gerne Joghurt. Da gibt es immer viele Plastikbecher.

6
Wenn ich Wurst und Käse einkaufe, nehme ich meine eigenen Plastikdosen mit.

b) Welche Sätze passen außerdem zu den Personen?   Person

A Warum verbietet man die Getränkedosen denn nicht?
B Unsere Kinder würden nie Limonade aus der Dose trinken.
C Glas bringe ich zum Container vor meinem Haus.
D Die Küchenabfälle werfe ich auf den Kompost in meinem Garten.
E In meiner kleinen Küche stehen jetzt drei Mülleimer!
F Ich habe nur eingekauft, was mir meine Frau gesagt hat.

Glückliche Tage

Ich will nicht klagen.
Die Nacht war ruhig und friedlich,
vom Lastwagenverkehr abgesehen.
Ich habe sogar ein paar Stunden geschlafen.
Und mein Frühstück war wie immer ordentlich.
Gewiss, der Tee schmeckte ein wenig nach Chlor.
Aber das ist ja nicht schädlich.
Auch schmeckte das Ei ein wenig nach Fischmehl.
Doch daran habe ich mich längst gewöhnt.
Und auch der Presslufthammer draußen vor der Tür
machte immer wieder eine angenehme Pause.

Ich will also nicht klagen.

Und dann habe ich einen Spaziergang gemacht
unten am Fluss.
Gewiss, an manchen Stellen roch es nicht so gut,
wegen der vielen toten Fische,
und die Sonne kam auch nicht so recht durch,
weil ein dichter Smog über der Stadt lag,
aber der kleine Spaziergang hat mir sehr gutgetan.

Nein, ich will wirklich nicht klagen.

Gewiss, ich bin wohl nicht mehr ganz gesund,
leide öfter unter Kopfschmerzen,
zuweilen auch an Übelkeit,
was mit der einen oder anderen Allergie zusammenhängt,
aber insgesamt geht es mir sehr gut –

ja, ich möchte sogar sagen:
Insgesamt bin ich glücklich.

*In Anlehnung an
Samuel Becketts „Glückliche Tage"*

1 Hotelzimmer reservieren ◆ 2 den Hund impfen ◆ 3 Geld wechseln ◆
4 die Koffer packen ◆ 5 den Pass zeigen

DEUTSCHE IM AUSLAND
AUSLÄNDER IN DEUTSCHLAND

1. Interview am Frankfurter Flughafen

Der Reporter fragt Fluggäste: Was haben Sie auf einer Reise immer dabei? Was würden Sie nie vergessen?

a) Hören Sie die Interviews.
b) Ergänzen Sie die Tabelle.

	Beruf?	kommt woher?	fliegt wohin?	nimmt was mit?
Schweizerin				
Brite				
Italiener				
Deutsche				
Deutscher				

| Teddybär | Kaffee | Gitarre | Schirm | Kohletabletten |

2. Was würden Sie unbedingt mitnehmen, wenn Sie eine Reise ins Ausland machen?

Urlaub mit
Dynamos
Versicherungen   *insurance*

Haben Sie nichts vergessen?
Ihre Checkliste für den Urlaub ✓

Versicherungen/Ämter/Ärzte

☐ Gepäckversicherung abschließen
☐ Reisekrankenversicherung abschließen
☐ internationalen Krankenschein besorgen
☐ Pass/Ausweis verlängern lassen
☐ Visum beantragen   *apply for Visum.*
☐ Katze/Hund untersuchen/ impfen lassen

Bahn/Flugzeug/Schiff

☐ Reiseprospekte besorgen
☐ Fahrpläne/Fahrkarten/ Flugkarten besorgen
☐ Plätze reservieren lassen
☐ Hotelzimmer bestellen

Auto

☐ grüne Versicherungskarte besorgen
☐ Motor/Öl/Bremsen/ Batterie prüfen lassen
☐ Auto waschen lassen
☐ Benzin tanken

Haus/Wohnung

☐ Nachbarn Schlüssel geben
☐ Fenster zumachen
☐ Licht/Gas/Heizung ausmachen

Verschiedenes

☐ Geld wechseln
☐ Reiseschecks besorgen
☐ Kleider/Anzüge reinigen lassen
☐ Wäsche waschen
☐ Apotheke: Medikamente, Pflaster besorgen
☐ Drogerie: Seife, Zahnbürste, Zahnpasta, ... kaufen
☐ Koffer packen: Wäsche, Kleider, Anzüge, Hosen, Pullover, Hemden, Handtücher, Betttücher, ...
☐ Fluggepäck wiegen

3. Reiseplanung

a) Lesen Sie die Checkliste für den Urlaub.

b) Was muss man mitnehmen, wenn man in Deutschland Winterurlaub in den Alpen macht oder Campingurlaub an der Ostsee oder wenn man zur Industriemesse nach Hannover fährt? Was muss man vor der Reise besorgen, erledigen, machen lassen?

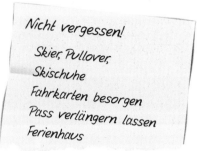

Nicht vergessen!
Skier, Pullover,
Skischuhe
Fahrkarten besorgen
Pass verlängern lassen
Ferienhaus

Machen Sie drei Listen.

Winterurlaub	Geschäftsreise	Campingurlaub
Alpen, Ferienhaus	zur Messe in Hannover,	an der Ostsee, 3 Wochen,
2 Wochen, Zug	Hotel 4 Tage, Flug,	mit dem Auto, Hund,
2 Erwachsene, 4 Kinder	im Frühjahr	2 Kinder (2 und 10 Jahre),
		2 Erwachsene, im Sommer

4. Wer macht was?

Wir müssen das Visum beantragen. Soll ich das machen?

Nein, lass mich das Visum beantragen. Du kannst den Hund impfen lassen.

Themen aktuell 1
❯
§ 47

a) Üben Sie den Dialog.

Visum beantragen / Hund impfen lassen / Hotelzimmer bestellen / Pässe verlängern / Krankenschein besorgen / Bremsen prüfen / Geld wechseln / Auto waschen / Reiseschecks besorgen / Plätze reservieren / Fahrkarten kaufen / Anzüge reinigen lassen

Lass mich	das Visum beantragen.
Du lässt	den Hund impfen.

b) Üben Sie weitere Dialoge mit den Listen, die Sie für Übung 3 gemacht haben.

5. Wenn jemand eine Reise macht, dann kann er viel erzählen.

Wisst ihr, was mir vorige Woche passiert ist? Ich wollte am Wochenende Ski fahren und bin deshalb nach Österreich gefahren. Denn dort war ziemlich viel Schnee. Ich war kurz vor der Grenze, da habe ich gemerkt, dass ich weder meinen Pass noch meinen Ausweis dabeihatte. Normalerweise wird man ja nie kontrolliert, aber ich hatte Pech. Ich sollte meinen Ausweis zeigen. Weil ich keinen hatte, durfte ich nicht über die Grenze. Also bin ich wieder zurückgefahren und habe meinen Ausweis geholt. Nach zwei Stunden war ich wieder an der Grenze. Aber jetzt wollte niemand meinen Ausweis sehen ...

a) Lesen Sie zuerst die Stichworte unten, hören Sie dann den Text auf der Kassette. Was ist Herrn Weiler passiert? Erzählen Sie.

§ 28 b, c

Urlaub → Ostsee/Travemünde → Zimmer reserviert → kein Zimmer frei →
sich beschwert → kein Zweck → Zimmer in Travemünde gesucht →
Hotels voll / Zimmer zu teuer → nach Ivendorf gefahren → Zimmer gefunden

Verwenden Sie die Wörter:

denn   trotzdem   aber   deshalb   dann   schließlich   entweder ... oder   also   da

b) Was ist hier passiert? Erzählen Sie.

6. Spiel: Die Reise in die Wüste

(Gruppen mit 3 Personen)

Sie planen eine Reise in die Sahara (auf eine Insel im Pazifischen Ozean, in die Antarktis). Ihre Reisegruppe soll drei Wochen lang in der Sahara (auf der Insel, in der Antarktis) bleiben. Es gibt dort keine anderen Menschen! Unten ist eine Liste mit 30 Dingen, von denen Sie nur fünf mitnehmen dürfen.

Diskutieren Sie in der Gruppe, welche Dinge Sie mitnehmen. Sie müssen sich einigen, welche Dinge am wichtigsten sind.

Vergessen Sie nicht: Sie müssen trinken, gesund bleiben, den richtigen Weg finden; vielleicht haben Sie einen Unfall und müssen gerettet werden. Überzeugen Sie Ihre Mitspieler, welche Dinge am wichtigsten sind. Nennen Sie Gründe.

1. 50 m Alufolie	9. Familienfotos	17. Plastiktaschen	
2. Batterien	10. 10 Filme	18. Reiseschecks	
3. Benzin	11. Fotoapparat	19. Salz und Pfeffer	25. Taschenlampe
4. Betttücher	12. Kochtopf	20. Schirm	26. Telefonbuch
5. Bleistift	13. Kompass	21. Seife	27. Uhr
6. Briefmarken	14. Messer	22. Seil	28. 200 Liter Wasser
7. Brille	15. 100 Blatt Papier	23. Spiegel	29. Wolldecke
8. Camping-Gasofen	16. Pflaster	24. Streichhölzer	30. Zahnbürste

§ 32

Ich	würde ... mitnehmen.	... ist	wichtig.	Das finde ich	unwichtig.
	schlage vor,	dass wir ...	notwendig.		nicht notwendig.
	meine,				

... braucht man zum	Kochen.	Ich bin dafür.	Ich bin dagegen.
	Waschen.	Einverstanden.	Das ist doch Unsinn.
	Schlafen.	Meinetwegen.	Nein, aber ...
	Trinken.	Das ist mir egal.	Es ist besser, wenn ...
	Feuer machen.		
	...		

Wenn man in/auf ... ist, braucht man	unbedingt	...	Das	finde	ich auch.
	ganz bestimmt	...		glaube	
	...			meine	

Journal Beruf

heute: Arbeiten im Ausland

Vor allem jüngere Leute haben uns in den letzten Wochen geschrieben, dass sie gerne mal ein paar Monate im Ausland arbeiten möchten. Es sind zwar immer noch wenige, aber jedes Jahr interessieren sich mehr Menschen für einen Job im Ausland. In den Briefen werden immer wieder dieselben Fragen gestellt:

- Braucht man eine Arbeitserlaubnis?
- Wer bekommt eine Arbeitserlaubnis?
- Welche Berufe sind gefragt?
- Wie kann man eine Stelle finden?
- Wie viel verdient man im Ausland?
- Braucht man gute Sprachkenntnisse?
- Muss man vorher einen Sprachkurs machen?
- Wie lange darf man bleiben?
- Wie findet man eine Wohnung?
- Darf die Familie / der Freund / die Freundin mitkommen?
- Wo bekommt man Informationen?

Wir haben die wichtigsten Informationen für Sie zusammengetragen:

➡ Arbeitserlaubnis

Ohne Visum können Deutsche in die meisten Länder der Welt reisen, aber ohne Arbeitserlaubnis darf man in den wenigsten auch arbeiten.

➡ EU-Länder

Wenn man eine Arbeitsstelle und eine Wohnung hat, bekommt man in allen EU-Staaten eine Arbeitserlaubnis. Das gilt natürlich auch für Bürger anderer EU-Staaten, die in Deutschland wohnen und hier eine Arbeitsstelle haben.

➡ USA

Viel schwieriger ist die Situation in den USA. Dort bekommt man nur dann eine Arbeitserlaubnis, wenn man

---

§ 26

7. Was fragen die jungen Leute, die im Ausland arbeiten möchten? Was möchten sie wissen?

Sie möchten wissen, wer eine Arbeitserlaubnis bekommt.

Sie fragen, ob man eine Arbeitserlaubnis braucht.

Sie	fragen, möchten wissen,	ob wie wie viel wo	man ...

2/13

8. Was fragt die Freundin?

Doris Kramer hat gerade ihre Prüfung als Versicherungskauffrau bestanden. Sie möchte jetzt gerne ein Jahr bei einer englischen oder amerikanischen Versicherung arbeiten. Sie spricht mit ihrer Freundin über diesen Plan.

Was fragt die Freundin?
Was möchte sie wissen?

Reportage

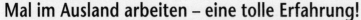

Mal im Ausland arbeiten – eine tolle Erfahrung!

Viele möchten gern mal im Ausland arbeiten, doch nur wenige haben auch den Mut, es zu tun. Schließlich muss man seine Stelle und seine Wohnung kündigen und verliert Freunde aus den Augen. Wir haben uns mit drei Frauen unterhalten, die vor dem Abenteuer Ausland keine Angst hatten.

Die Gründe, warum man mal im Ausland arbeiten möchte, sind verschieden: Manche tun es, weil sie sich im Urlaub in eine Stadt oder ein Land verliebt haben, manche, um eine Fremdsprache zu lernen, andere, um im Beruf Karriere zu machen oder um einfach mal ein Abenteuer zu erleben.

alles anders. „Ich lernte Französisch und fand Kontakt zu den Leuten." Vor einem Jahr ist Frauke Künzel zurückgekommen, aber eine Stelle hat sie noch nicht gefunden. Trotzdem empfiehlt sie jedem einen Job im Ausland. „Man wird viel selbstständiger, und das finde ich sehr wichtig. Außerdem weiß ich jetzt, was ‚savoir vivre' bedeutet: Es ist besser man arbeitet, um zu leben, als dass man lebt, um zu arbeiten, wie in Deutschland", sagt Frauke Künzel.

leben. In Italien bestimmen die Männer fast alles", sagt Ulrike Schuback. Aber sie liebt Italien noch immer. „Italiener sind viel herzlicher als Deutsche. Auch hier gibt es Regeln und Gesetze, aber die nimmt man nicht so ernst. Das macht das Leben viel leichter."

Frauke

Das war auch das Motiv von **Frauke Künzel, 24**. „Ich fand mein Leben in Deutschland langweilig und wollte einfach raus", erzählt sie. Sie fuhr mit 500 Euro in der Tasche nach Südfrankreich. Zuerst wohnte sie in der Jugendherberge und wusste nicht, wie sie einen Job finden sollte. Doch sie hatte Glück. Sie lernte einen Bistrobesitzer kennen und fragte ihn, ob er einen Job für sie hätte. Er hatte. 1300 Euro netto verdiente sie als Bedienung. Die Gäste nannten sie „glacier" – auf Deutsch „Eisberg". „Ich konnte wenig Französisch und war deshalb sehr kühl, um meine Scheu vor den Leuten zu verstecken", erklärte sie uns. Doch nach ein paar Wochen war

Ulrike

Ulrike Schuback, 26, wollte eigentlich nach Italien, um dort Theaterwissenschaft zu studieren. Doch nach einem Jahr hatte sie keine Lust mehr. Weil sie sich für Mode interessierte, suchte sie sich einen Job in einer Boutique. Zuerst war sie nur Verkäuferin, heute ist sie Geschäftsführerin. „Eine interessante und gutbezahlte Stelle, die mir viel Freiheit lässt. Trotzdem haben es Frauen in Deutschland viel leichter, sowohl im Beruf als auch im Privat-

Simone

Für **Simone Dahms, 28**, ist London eine zweite Heimat geworden. Nach dem Studium wollte sie Buchhändlerin werden, aber es gab keine Stelle für sie. „Man sagte mir, dass ich für den Beruf zu alt und überqualifiziert bin", erzählt Simone Dahms. Schließlich fuhr sie nach London, um dort ihr Glück zu versuchen. Mit Erfolg. In einer kleinen Buchhandlung wurde sie genommen, als Angestellte, nicht als Lehrling. Heute ist sie Abteilungsleiterin. „Meine Freunde in Deutschland reagierten typisch deutsch: ‚Wie hast du das geschafft, du hast den Beruf doch gar nicht gelernt?', fragten sie mich", erzählt Simone Dahms. „In England ist eben das Können wichtiger als Zeugnisse", war ihre Antwort. Schwierigkeiten hat sie noch mit der etwas kühlen Art der Engländer. Die Leute, mit denen sie oft zusammen ist, sind zwar sehr nett und freundlich, „aber so richtige offene und herzliche Freundschaften findet man kaum", meint Simone Dahms.

9. Was haben die Frauen gemacht?

a) Frauke Künzel   b) Ulrike Schuback   c) Simone Dahms

Sie reiste nach England,	um	sich eine Stelle als Buchhändlerin	zu	machen.
Sie fuhr nach Italien,		dort Theaterwissenschaft		verdienen.
Sie ging nach Frankreich,		selbstständiger		studieren.
		sich eine Lehrstelle		arbeiten.
		in einer Modeboutique		suchen.
		Abteilungsleiterin		werden.
		Französisch		lernen.
		viel Geld		
		ihr Leben interessanter		

Sie arbeitete als Kellnerin,	weil sie	unbedingt Geld	interessierte.
Sie arbeitete in einer Boutique,		sich für Mode	brauchte.
Sie arbeitete als Buchhändlerin,		Kontakt zu Leuten	suchte.
		in London Englisch lernen	wollte.
		nicht mehr studieren	
		in ihrem Wunschberuf arbeiten	

10. Was für Probleme hätte ein Deutscher, wenn er in Ihrem Land arbeiten möchte? Was muss er vorher wissen? Was muss er tun? Welche Fehler darf er nicht machen?

11. Was sagen die drei Frauen über Deutsche? Wer sagt das?

Deutsche

- nehmen alles zu ernst.
- sind ziemlich kühl.
- sind bürokratisch.
- glauben zu sehr an das, was auf dem Papier steht.
- sind nicht herzlich genug.
- sind immer unfreundlich.
- finden Arbeit wichtiger als ein schönes Leben.

Fr 10. Mai

Eins Plus

18.00 Uhr   plus 3 Reisemagazin

Urlaubstipps, Informationen, Reportagen

Thema heute: Wie beliebt sind deutsche Touristen im Ausland?

Niemand kritisiert die deutschen Touristen mehr als sie selbst: Sie sind zu laut, zu durstig, zu nackt, zu geizig, liest man in den Zeitungen. Deshalb möchten viele Deutsche im Ausland am liebsten nicht als Deutsche erkannt werden. Sie haben Angst, dass die Ausländer schlecht über sie denken. Doch das Bild der deutschen Touristen im Ausland ist freundlicher, als wir selber glauben.

12. Wie beliebt sind die deutschen Touristen im Ausland?

Hören Sie die Interviews. Was denken die Leute über deutsche Touristen?

a) Giuseppina Polverini, 62, Besitzerin einer kleinen Pension in Rom: „Die Deutschen sind …"

b) Louis Sardozzi, 27, Sonnenschirmvermieter in Cannes: „…"

c) Ian Phillips, 47, Londoner Taxifahrer: „…"

d) Pepe Rodríguez, 58, Busfahrer in Palma: „…"

So sehen uns Ausländerinnen

Berufsleben gut, Familienleben schlecht

Korrekt, zuverlässig und umweltbewusst sind sie, aber auch zu kühl. Das sagen drei Ausländerinnen über die Deutschen. Die jungen Frauen kommen aus den USA, aus China und aus Griechenland. Sie leben hier, weil sie bei uns studieren oder weil ihr Mann oder ihre Eltern hier arbeiten.

Für alles gibt es einen Plan

Alexandra Tokmakido, 26, ledig, kommt aus Griechenland.
Sie studiert Musik.

▶ „Pünktlich, korrekt und logisch sind die Deutschen. Für alles gibt es einen Plan: einen Haushaltsplan, einen Fahrplan, einen Urlaubsplan, einen Essensplan, einen Ausbildungsplan. Genau das stört mich. Hier ist kein Platz für Gefühle. Die Leute sind kühl, man interessiert sich wenig für die Sorgen anderer Menschen", sagt Alexandra. Aber einige Dinge findet sie auch positiv: „Zum Beispiel, dass Jugendliche schon mit 16 von zu Hause ausziehen dürfen. So werden sie früher selbstständig als die Griechen."

Sie meint, dass Frauen in Deutschland ein besseres Leben haben. „Wenn bei uns Frauen heiraten, sind sie nur noch für die Familie da, die eigenen Interessen sind unwichtig. Deutsche Frauen sind glücklicher; ihre Männer helfen bei der Hausarbeit und bei der Kindererziehung."

Gute Chancen im Beruf

Stephanie Tanner, 25, ledig, kommt aus den USA.
Sie ist Schiffbauingenieurin und macht hier ein Berufspraktikum.

▶ Obwohl sie große Ähnlichkeiten zwischen der deutschen und amerikanischen Arbeitswelt sieht, ist sie doch erstaunt, wie groß hier die soziale Sicherheit besonders für Mütter mit Kleinkindern ist. „Bei uns gibt es kein Erziehungsgeld, keine Reservierung von Arbeitsplätzen für Mütter mit Kleinkindern. Eine Mutter kann höchstens drei Monate zu Hause bleiben, dann muss sie zurück in den Job. Zwar wollen die meisten amerikanischen Männer immer noch, dass ihre Frau zu Hause bleibt, aber das ist vorbei. Es ist wie hier, auch bei uns brauchen viele Familien ein zweites Einkommen, und die Frauen wollen nicht mehr nur auf die Kinder aufpassen." Gut findet sie auch, dass die deutschen Frauen meistens den gleichen Lohn wie die Männer bekommen und dass sie im Beruf leichter Karriere machen können als in den USA. „Der deutsche Mann ist als Kollege etwas toleranter als der Amerikaner. Toll sind auch die langen Urlaubszeiten. Wir haben nur zwei freie Wochen pro Jahr, und das ist für eine Familie einfach zu wenig." Noch etwas gefällt ihr in Deutschland: die freundlichen und sauberen Städte. „Hier kann man selbst in den Großstädten Rad fahren. Bei uns sind die Straßen immer noch nur für die Autos da. Toll finde ich auch das Umweltbewusstsein der Deutschen. Wie sehr wir in den USA die Natur kaputt machen, ist mir erst in Deutschland aufgefallen. Hier wird man sogar komisch angeguckt, wenn man Papier auf die Straße wirft."

Die Frauen sind zu emanzipiert

Rui Hu, 25, ledig, kommt aus Tijanjing in China.
Sie studiert bei uns Germanistik.

▶ „Die Deutschen sind viel spontaner als die Chinesen", sagt Rui Hu, „ich habe mich immer noch nicht daran gewöhnt, dass man hier auch außerhalb der Familie seine Gefühle so offen und deutlich zeigt. Das Leben in Deutschland ist hektisch, alles muss schnell gehen, sogar für das Essen haben die Deutschen wenig Zeit. Jeder denkt zuerst an sich. Das gilt besonders für deutsche Frauen. Ich finde, sie sind zu emanzipiert." Rui Hu versteht nicht, dass sich deutsche Frauen über zu viel Arbeit beschweren. „Auch die Chinesin ist meistens berufstätig, ihre Küche ist nicht automatisiert, und ihr Mann hilft kaum im Haushalt. Aber die chinesischen Frauen klagen nie."

13. Wer ist gemeint?

Das Pronomen „sie" hat in den Sätzen verschiedene Bedeutungen. Wer ist gemeint: die Deutschen, die deutschen Frauen, die deutschen Männer, die Griechen, die Griechinnen, die griechischen Männer, die Amerikaner, die Amerikanerinnen, die amerikanischen Männer, die Chinesen, die Chinesinnen, die chinesischen Männer? Zu welchen Frauen passen die Sätze?

a) Ihr Leben ist ruhiger, weil sie alles langsamer machen. „sie" = _____

b) Sie kümmern sich mehr um andere Leute und möchten wissen, wie es ihnen geht.
„sie" = _____

c) Sie finden es langweilig, nur Hausarbeit zu machen. „sie" = _____

d) Sie finden es normal, dass nur die Frauen die Hausarbeit machen. „sie" = _____

e) Weil das Leben teuer ist, müssen auch sie arbeiten. „sie" = _____

f) Sie haben es leichter, attraktive Stellen zu bekommen. „sie" = _____

g) Sie sind egoistisch. „sie" = _____

h) Ihre Arbeitsstellen bleiben für zwei Jahre frei, wenn sie nicht arbeiten können und die Kinder erziehen. „sie" = _____

i) Sie zeigen, was sie denken und fühlen. „sie" = _____

j) Sie möchten eigentlich, dass die Frauen nicht berufstätig sind. „sie" = _____

k) Der Verstand ist für sie wichtiger als das Herz. „sie" = _____

l) Sie verdienen meistens mehr als die Frauen. „sie" = _____

m) Sie geben ihren Kindern mehr Freiheiten. „sie" = _____

n) Sie zeigen nicht genau, was sie wirklich denken und fühlen. „sie" = _____

14. Wie finden Sie Ihre eigenen Landsleute? Was gefällt Ihnen? Was gefällt Ihnen nicht?

Der Kurzkommentar

Immer mehr Deutsche wollen auswandern

Immer mehr Ausländer wollen nach Deutschland einwandern oder beantragen hier politisches Asyl. Die meisten Deutschen sind deshalb für eine Änderung des Ausländer- und Asylgesetzes. Sie glauben, dass es für sie in Zukunft sonst nicht genug Arbeitsstellen und Wohnungen geben wird. Einige möchten sogar die schon länger bei uns lebenden Ausländer wieder nach Hause schicken. Wissen diese Leute nicht, dass auch viele Deutsche gern ein paar Jahre im Ausland leben oder sogar auswandern möchten? Etwa 130 000 haben im letzten Jahr Deutschland verlassen, um im Ausland ein neues Leben zu beginnen. Die Zahlen steigen sogar. Diese Deutschen hoffen genauso auf Gastfreundschaft in ihren neuen Heimatländern wie die Ausländer, die nach Deutschland einreisen möchten oder schon bei uns leben. Das sollten wir bei der Diskussion um ein neues Ausländer- und Asylgesetz nicht vergessen.

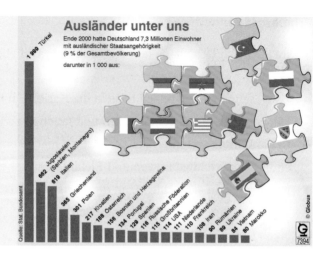

Ausländer unter uns

Ende 2000 hatte Deutschland 7,3 Millionen Einwohner mit ausländischer Staatsangehörigkeit (9 % der Gesamtbevölkerung)

darunter in 1 000 aus:

1 999 Türkei
662 Jugoslawien (Serbien, Montenegro)
619 Italien
365 Griechenland
301 Polen
217 Kroatien
188 Österreich
156 Bosnien und Herzegowina
134 Portugal
129 Spanien
116 Russische Föderation
115 Großbritannien
114 USA
111 Niederlande
110 Frankreich
108 Iran
90 Rumänien
89 Ukraine
84 Vietnam
80 Marokko

Quelle: Stat. Bundesamt

© Globus 7394

15. Familie Neudel will auswandern.

Hören Sie das Gespräch. Warum möchte Familie Neudel auswandern? Was ist richtig?

Familie Neudel möchte auswandern, …
a) … um freier zu leben.
b) … damit Herr Neudel weniger Steuern zahlen muss und mehr verdient.
c) … um in Paraguay Bauern zu werden.
d) … um Land zu kaufen und ein Haus zu bauen.
e) … damit Frau Neudel eine Stelle bekommt.

16. Familie Kumar ist eingewandert.

Hören Sie das Gespräch mit der Familie Kumar. Sie lebt seit 14 Jahren in Deutschland. Warum ist sie eingewandert? Was ist richtig?

Familie Kumar ist eingewandert, …
a) … um mehr Geld zu verdienen.
b) … weil sie Verwandte in Deutschland hat.
c) … um Deutsche zu werden.
d) … weil Herr Kumar hier ein Praktikum machen wollte.
e) … damit die Kinder gute Schulen besuchen können.

17. Vergleichen Sie die beiden Familien.

Was ist ähnlich? Was ist verschieden?

18. Was meinen Sie: Warum wandern Menschen aus?

Sie wandern aus, | … um Arbeit zu bekommen.
 | … um … zu …
 | … damit die Familie besser leben kann.
 | … damit …
 | … weil sie in Deutschland studieren wollen.
 | … weil …

§ 31

Nebensatz mit „damit"
Sie wandern aus, damit sie Arbeit bekommen.

Urlaubspläne

● Im nächsten Urlaub, da fahr ich nach Bali. Um endlich mal was Neues zu sehen.

■ Bali – sehr schön. Und ich reise in die Karibik, auf eine kleine Insel. Um endlich einmal richtig baden und tauchen zu können.

▲ In die Karibik – Donnerwetter! Und ich mache eine Reise nach Kenia, um endlich mal richtige Löwen und Elefanten zu sehen.

■ Kenia ist nicht schlecht. – Und du, Hans, was hast du vor?

▼ Ich – ich fahre nach Unter-Hengsbach.

● Nach Unter-Hengsbach …? Wo ist denn das?

▼ Das ist ganz in der Nähe von Ober-Hengsbach.

■ Aha!

▲ Und warum ausgerechnet nach Unter-Hengsbach?

▼ Um endlich meine Ruhe zu haben. Um die Zeit ist es in Unter-Hengsbach herrlich ruhig, weil die Unter-Hengsbacher alle weg sind. Sie sind dann alle auf Bali, in der Karibik oder in Kenia.

Schleswig-Holstein
2,8 Mio. Einwohner

■ Kiel

Mecklenburg-Vorpommern
1,8 Mio. Einwohner

■ Schwerin

Bremen
0,7 Mio. Einwohner

Hamburg
1,7 Mio. Einwohner

■ Hannover

Grenze zwischen BRD und DDR
von 1949 bis 1990

Niedersachsen
8 Mio. Einwohner

Berlin
3,4 Mio. Einwohner

■ Magdeburg

■ Potsdam

Sachsen-Anhalt
2,6 Mio. Einwohner

Brandenburg
2,6 Mio. Einwohner

Nordrhein-Westfalen
18 Mio. Einwohner

■ Düsseldorf

■ Erfurt

■ Dresden

Thüringen
2,4 Mio. Einwohner

Sachsen
4,4 Mio. Einwohner

Hessen
6 Mio. Einwohner

■ Wiesbaden

Rheinland-Pfalz
Mio. Einwohner

■ Mainz

■ Saarbrücken

Bayern
12,3 Mio. Einwohner

Saarland
1,1 Mio. Einwohner

der Bundesadler

der Bundestagspräsident

■ Stuttgart

Baden-Württemberg
10,6 Mio. Einwohner

■ München

die Bundesregierung
(der Bundeskanzler
und die Minister)

DIE BUNDESREPUBLIK DEUTSCHLAND

Schlagzeilen + + + Schlagzeilen + + + Schlagzeilen + + + Schlagzeilen + + + Schlagzeilen + + +

NRZ Neue Rhein Zeitung

Bald Wahlrecht für ausländische Arbeitnehmer?

Fußballstar wegen Verletzung drei Wochen ins Krankenhaus

Polnische Zollbeamte streiken für mehr Lohn

Preiskrieg in der Zigarettenindustrie

Kein Geld für das neue Stadion: Fußballverein enttäuscht

Verkehrsunfall in der Berliner Straße

Durch den Steuerskandal: Regierungskrise in Argentinien

WZ Westdeutsche Zeitung

Ärger an der Grenze: 300 Lastwagen müssen warten

Ausländer bald auch im Parlament?

Straßenbahn fuhr gegen einen Bus: Außer dem Fahrer niemand verletzt

Leere Kassen im Rathaus: Kein neuer Sportplatz

Raucher können jetzt sparen

Wegen seiner Knieoperation: Ohne Luziao gegen den HSV

Bald neue Regierung in Buenos Aires?

1. Welche Schlagzeilen bringen die gleiche Nachricht?

Neue Rhein Zeitung	Westdeutsche Zeitung
Preiskrieg in der Zigarettenindustrie	…
Kein Geld …	…

2. Welche Nachrichten gehören zu welcher Rubrik?

Sie lesen heute:

Ausland	Seite 3
Wirtschaft	Seiten 9 / 10
Lokalteil	Seite 7
Innenpolitik	Seite 5
Sport	Seite 14

3. Sehen Sie die Bilder an. Was ist da wohl passiert?

**4. Ergänzen Sie „durch", „für", „ohne", „gegen", „außer", „mit" oder „wegen".
Zu welchem Bild passen die Sätze?**

> § 15

Bild

Junge fand Briefumschlag _____ 5000 Euro.

Pakete und Päckchen für Weihnachten bleiben _____ des Poststreiks liegen.

_____ einem Lebensmittel-Laden und einer Bäckerei gibt es keine Geschäfte.

Der neue Stadtteil „Gernhof" ist immer noch _____ Einkaufszentrum.

2000 ausländische Arbeitnehmer demonstrieren _____ das neue Ausländergesetz.
Sie wollen in der Bundesrepublik bleiben.

Fabrik _____ Feuer zerstört. 500 Angestellte jetzt _____ Arbeit.

_____ die Verkehrsprobleme im Stadtzentrum gibt es immer noch keine Lösung.

5. Hören Sie die Interviews.

2/18-21

Ein Reporter hat vier Personen interviewt, die von den Ereignissen
auf den Bildern erzählen. Welches Bild passt zu welchem Interview?

Präpositionen
außer + Dativ
wegen + Genitiv oder Dativ

Interview	1	2	3	4
Bild Nr.				

6. Welche Nachrichten haben Sie heute/gestern gehört oder gelesen?

Machen Sie mit Ihrem Nachbarn aktuelle Schlagzeilen zu Politik, Wirtschaft, Sport, Lokalnachrichten, Klatsch …

Öl-Katastrophe:
Tanker vor spanischem Vogelparadies gestrandet

Mordanschlag in Kabul:
Afghanistans Vizepräsident getötet

Polizei fuhr Braut mit Blaulicht zur Hochzeit

Am Grab:
Rote Rosen für Hildegard Knef

Mehrere Kandidaten für tschechische Präsidentschaft:
Pitharts Wahlchancen gesunken

Mafia-Boss in Palermo verhaftet

Gefangen im Aufzug – die lange Nacht von Sandra und Gerd

Sechs Jahre Freiheitsstrafe:
Auf Probefahrten in Bayern Luxusautos geraubt

Nach 20 Jahren in Deutschland:
Kurdin erkämpft Aufenthalt – Rechtsstreit um Ausweisung gewonnen

❯
§ 16

Wo ist der Friede in Gefahr?	Wo hat es eine Demonstration gegeben?
Wo ist Krieg/Bürgerkrieg?	Wo gibt es Umweltprobleme?
Wo gibt es eine Regierungskrise?	Wo hat es ein Unglück / eine Katastrophe gegeben?
Wo gibt es eine Wahl?	
Wo gibt es eine Konferenz?	Wo ist ein Verbrechen geschehen?
Welcher Politiker besucht welches Land?	Wo gibt es einen Skandal?
Wer hat einen Vertrag unterschrieben?	Wo ist etwas Komisches passiert?
Wer ist zurückgetreten?	Wer ist gestorben?
Wofür fehlt Geld?	Wer hat geheiratet / ein Baby bekommen?
Wer streikt? Wo? Warum?	Wer hat eine Meisterschaft gewonnen?

AUS DER PRESSE

Donnerstag/Freitag, 31. Oktober/1. November 2002

Abgeordnete bekommen 1,9 % mehr Geld 1

Berlin (AP) Die 603 Abgeordneten des deutschen Bundestages bekommen ab 1. Januar 1,9 % mehr Gehalt. Das wurde gestern im Bundestag mit großer Mehrheit beschlossen. Nur wenige Abgeordnete kritisierten den Beschluss.

Wahlrecht für Ausländer hat kaum Chancen 2

Berlin (dpa) Eine große Gruppe von Abgeordneten fast aller Parteien fordert ein neues Wahlrecht, damit auch Ausländer, die länger als 10 Jahre in Deutschland leben, wählen dürfen. Der Vorschlag, für den eine Änderung der Verfassung notwendig ist, wird diese Woche im Bundestag diskutiert.

Landtagswahlen in Sachsen-Anhalt 3

Magdeburg (eig. Ber.) Die Christlichen Demokraten (CDU) haben am Sonntag die Landtagswahlen in Sachsen-Anhalt gewonnen. Sie wurden mit 37,3 % der Stimmen stärkste Partei. Die Sozialdemokraten (SPD), die Partei des alten Ministerpräsidenten, bekam nur noch 20,0 %, die Freien Demokraten (FDP) 13,3 % und die PDS (Partei des Demokratischen Sozialismus) 20,4 %.

Bundespräsident zu Staatsbesuch in Spanien 4

Madrid (dpa) Der Bundespräsident ist seit Dienstag zu einem viertägigen Staatsbesuch Spaniens in Madrid. Er wurde im Königlichen Schloss zusammen mit seiner Frau von König Juan Carlos und Königin Sofia begrüßt.

Wirtschaftsminister droht mit Rücktritt 5

Köln In einer Fernsehdiskussion hat der Bundeswirtschaftsminister mit seinem Rücktritt gedroht, wenn das Kabinett nicht bis zum 10. Juli beschließt, in den nächsten beiden Jahren die Subventionen um 15 Milliarden Euro zu kürzen.

Bundesrat kritisiert Reform des Mehrwertsteuergesetzes 6

Berlin Der Bundesrat hat das neue Mehrwertsteuergesetz kritisiert. Die meisten Bundesländer sind mit dem Gesetz nicht einverstanden, weil sie nach ihrer Meinung zu wenig Geld aus der Mehrwertsteuer bekommen.

a
Die schleswig-holsteinische Ministerpräsidentin erklärte im Bundesrat: „Die Geldprobleme der Länder dürfen nicht noch größer werden!" Jetzt muss der Bundestag einen neuen Vorschlag machen.

b
Die alte Koalition aus SPD und PDS hat damit ihre Mehrheit im Landtag verloren. Der neue Ministerpräsident kommt wahrscheinlich von der CDU, die eine Koalition mit der FDP bilden möchte.

c
Bis jetzt sind die meisten Abgeordneten der Opposition gegen eine Änderung des Wahlgesetzes. Ohne ihre Stimmen aber gibt es keine Zwei-Drittel-Mehrheit für eine Verfassungsänderung. Deshalb müssen die Ausländer auch bei der nächsten Bundestagswahl zu Hause bleiben. Allerdings haben Bürger aus EU-Staaten in einigen Bundesländern schon heute das Wahlrecht für die Kommunalparlamente.

d
„Nur wenn wir selbst sparen, können wir auch von den Bürgern höhere Steuern verlangen", meinte eine Abgeordnete. Außerdem schlug sie vor, die Zahl der Abgeordneten bei der nächsten Bundestagswahl noch einmal zu verkleinern, und erinnerte an einen Satz des Finanzministers: „Auch 603 Abgeordnete sind immer noch zu viel."

e
Der Bundespräsident wird vom Bundesaußenminister begleitet, der mit seinem spanischen Kollegen ein längeres Gespräch über europäische und internationale Fragen führte.

f
„Wenn das Ziel nicht erreicht wird, dann hat die Bundesregierung einen neuen Wirtschaftsminister", sagte er. Der Minister hofft, dass das Kabinett seinem Vorschlag folgt. Die Alternative wären höhere Steuern oder neue Schulden. Der Bundeskanzler kommentierte die Sätze seines Wirtschaftsministers mit den folgenden Worten: „Einen Rücktrittswunsch kann ich auch annehmen."

7. Setzen Sie die Teile der Zeitungstexte richtig zusammen.

1 2 3 4 5 6

8. Welche Informationen über das politische System in Deutschland bekommen Sie aus den Texten? Was wissen Sie außerdem über die Politik in Deutschland?

Parteien, Wahlen, Bundeskanzler, Minister …

Das politische Wahlsystem in der Bundesrepublik Deutschland

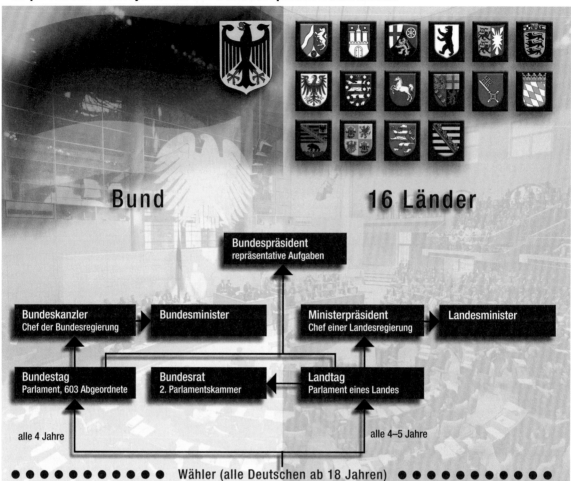

Bund **16 Länder**

Bundespräsident
repräsentative Aufgaben

| Bundeskanzler | Bundesminister | | Ministerpräsident | Landesminister |
| Chef der Bundesregierung | | | Chef einer Landesregierung | |

| Bundestag | Bundesrat | Landtag |
| Parlament, 603 Abgeordnete | 2. Parlamentskammer | Parlament eines Landes |

alle 4 Jahre   alle 4–5 Jahre

● ● ● ● ● ● ● ● ● ● ● Wähler (alle Deutschen ab 18 Jahren) ● ● ● ● ● ● ● ● ● ● ●

9. Beschreiben Sie die Darstellung. Ergänzen Sie die Sätze.

In der Bundesrepublik Deutschland können alle Frauen und Männer, die über 18 Jahre alt sind, …
Das nationale Parlament heißt …
Es wird alle …
Der Regierungschef ist der …
Er wird nicht direkt vom Volk gewählt, sondern von den Abgeordneten des …
Der Bundeskanzler bestimmt die Politik und schlägt die … vor.

Alle 4 oder 5 Jahre wählen die Bürger eines Bundeslandes ihr Landesparlament, den …
Regierungschef eines Landes ist der …
Auch er wird nicht vom Volk gewählt, sondern …
Er ernennt die …
Der Bundesrat ist die …
Die Mitglieder des Bundesrates kommen aus den 16 …

Der Bundespräsident wird von Mitgliedern der Landtage und des … gewählt.
Der Bundespräsident ist der Staatschef, aber er hat nur …

10. Bundestagswahl. Hören Sie die Interviews.

Wie sind die Antworten der Personen? (r = richtig, f = falsch, ? = er/sie weiß es nicht)

	Mann	Frau	Jugend-licher
Der Bundestag hat 603 Abgeordnete	▨	▨	▨
Der Bundeskanzler ist Regierungschef.	▨	▨	▨
Der Bundeskanzler wird vom Bundestag gewählt.	▨	▨	▨
Der Bundesrat ist die zweite Parlamentskammer	▨	▨	▨

1. Wann wurde die Bundesrepublik Deutschland gegründet?

a ☐ 1933
b ☐ 1949
c ☐ 1990

2. Nach dem 2. Weltkrieg gab es

a ☐ zwei deutsche Staaten.
b ☐ einen deutschen Staat.
c ☐ drei deutsche Staaten.

3. Heute gibt es

a ☐ einen deutschen Staat mit der Hauptstadt Berlin.
b ☐ einen deutschen Staat mit der Hauptstadt Bonn.
c ☐ zwei deutsche Staaten mit den Hauptstädten Berlin und Bonn.

4. Die Bundesrepublik ist

a ☐ eine sozialistische Republik.
b ☐ eine parlamentarische Demokratie.
c ☐ eine parlamentarische Monarchie.

5. Die beiden größten Parteien in der Bundesrepublik sind

a ☐ CDU und FDP.
b ☐ SPD und CSU.
c ☐ CDU und SPD.

6. Die Politik der CDU nennt man

a ☐ nationalistisch.
b ☐ konservativ.
c ☐ liberal.

7. Die Politik der SPD nennt man

a ☐ sozialistisch.
b ☐ sozialökonomisch.
c ☐ sozialdemokratisch.

8. Der Bundeskanzler der Bundesrepublik heißt

a ☐ Edmund Stoiber (CSU).
b ☐ Gerhard Schröder (SPD).
c ☐ _____

Politik-Quiz

11. Berichten Sie über Ihr Land.

Was für ein Staat ist Ihr Land? (Republik, Monarchie, Demokratie, …)
Mit welchen anderen Staaten ist Ihr Land befreundet? Mit welchen Staaten hat es Probleme?
Wie heißt das Parlament? Wie oft wird es gewählt? Wie heißen die wichtigsten Parteien?
Was für Ziele haben sie? Gibt es Regionalparlamente? Wer ist der Regierungschef?
Wer wählt oder ernennt ihn? Wer ist der Staatschef?

unterscheiden

Als es Deutschland zweimal gab

Konrad Adenauer, der spätere Bundeskanzler, unterschreibt am 23. Mai 1949 das Grundgesetz der Bundesrepublik Deutschland.

1949, vier Jahre nach dem 2. Weltkrieg, gab es zwei deutsche Staaten: Die Deutsche Demokratische Republik (DDR) im Osten und die Bundesrepublik Deutschland im Westen. Obwohl sie eigene Regierungen hatten, waren die beiden Staaten anfangs nicht völlig unabhängig. In der DDR bestimmte die Sowjetunion die Politik, die Bundesrepublik stand unter dem Einfluss von Großbritannien, Frankreich und den USA.

Im März 1952 schlug die Sowjetunion den USA, Großbritannien und Frankreich einen Friedensvertrag für Deutschland vor. Die DDR und die Bundesrepublik sollten zusammen wieder ein selbstständiger deutscher Staat werden, der neutral sein sollte. Aber die West-Alliierten waren gegen diesen Plan. Sie wollten, dass die Bundesrepublik zum Westen gehörte. Ein neutrales Deutschland wäre, so meinten sie, von der

Sowjetunion abhängig. Auch die damalige konservativ-liberale Regierung (CDU/CSU/FDP) entschied sich für die Bindung an den Westen.

Nach 1952 wurden die Unterschiede zwischen den beiden deutschen Staaten immer größer. Die DDR und die Bundesrepublik bekamen 1956 wieder eigene Armeen. Die DDR wurde

Am 10. Oktober 1949 nimmt die Regierung der Deutschen Demokratischen Republik unter Otto Grotewohl ihre Tätigkeit auf.

Mitglied im Warschauer Pakt, die Bundesrepublik Mitglied der NATO.

Während es in der DDR große wirtschaftliche Probleme gab, entwickelte sich die Wirtschaft in der Bundesrepublik sehr positiv. Tausende Deutsche aus der DDR flüchteten vor allem deshalb in die Bundesrepublik. Die DDR schloss schließlich ihre Grenze zur Bundesrepublik und kontrollierte sie mit Waffengewalt. Durch den Bau der Mauer in Berlin wurde 1961 die letzte Lücke geschlossen.

Während der Zeit des „Kalten Krieges" von 1952 bis 1969 gab es nur Wirtschaftskontakte zwischen den beiden deutschen Staaten. Im Juni 1953 kam es in Ostberlin und anderen Orten der DDR zu Streiks und Demonstrationen gegen die kommunistische Diktatur und die Wirtschaftspolitik. Sowjetische Panzer sorgten wieder für Ruhe.

12. Erstellen Sie eine Zeitleiste.

1949	Es gab zwei deutsche Staaten.	1953 ...	Seit 1969 ...	
1952	Die Sowjetunion schlug ...	1956 ...	1972 ...	
1952–1969	...	1961 ...	1989 ...	

In der Bundesrepublik war die große Mehrheit der Bürger für die Politik ihrer Regierung. Ende der sechziger Jahre gab es jedoch starke Proteste und Studentendemonstrationen gegen die kapitalistische Wirtschaftspolitik und die enge Bindung an die USA.

Politische Gespräche wurden zwischen den beiden deutschen Staaten erst seit 1969 geführt. Das war der Beginn der so genannten „Ostpolitik" des damaligen Bundeskanzlers Willy Brandt und seiner sozialdemokratisch-liberalen Regierung. 1972 unterschrieben die DDR und die Bundesrepublik einen „Grundlagenvertrag". Die politischen und wirtschaftlichen Kontakte wurden seit diesem Vertrag besser. Immer mehr Bundesbürger konnten ihre Verwandten in der DDR besuchen; allerdings durften nur wenige DDR-Bürger in den Westen reisen.

Im Herbst 1989 öffnete Ungarn die Grenze zu Österreich. Damit wurde für viele Bürger der DDR die Flucht in die Bundesrepublik möglich.

Tausende verließen ihr Land auf diesem Weg. Andere flüchteten in die Botschaften der Bundesrepublik in Warschau und Prag und blieben dort, bis sie die Erlaubnis zur Ausreise in die Bundesrepublik erhielten.

Bald kam es in Leipzig, Dresden und anderen Städten der DDR zu Massendemonstrationen. Zuerst ging es um freie Ausreise in die westlichen Länder, besonders in die Bundesrepublik, um freie Wahlen und freie Wirtschaft. Aber bald wurde der Ruf nach „Wiedervereinigung" immer lauter. Oppositionsgruppen entstanden; in wenigen Wochen verlor die SED, die Sozialistische Einheitspartei Deutschlands, ihre Macht.

Am 3. Oktober 1990 war es soweit: Die DDR trat der Bundesrepublik Deutschland bei. „Ein Staat verabschiedet sich aus der Geschichte", sagte der letzte Ministerpräsident der DDR, Lothar de Maizière (CDU). Am 2. Dezember 1990 fanden die ersten gesamtdeutschen Wahlen statt.

Am 3. Oktober 1990 treten die Länder der DDR nach Artikel 23 des Grundgesetzes der Bundesrepublik Deutschland bei.

Der „Tag der Deutschen Einheit", der vorher an den 17. Juni 1953 erinnerte, wird seit 1990 am 3. Oktober gefeiert.

13. Schreiben Sie einen kleinen Text zur neueren politischen Geschichte Ihres Landes.

– Machen Sie zuerst eine Zeitleiste.
– Wählen Sie nur wenige wichtige Daten.
– Benutzen Sie Wörter wie „dann", „danach", „aber", „deshalb", „trotzdem" …

> §9, 28

Damals

Am 9.November 1989 öffnete die DDR ihre Grenzen

Ostberlin, Donnerstag, den 9. November 1989, 18:55 Uhr: Auf einer Pressekonferenz über das Flüchtlingsproblem sagte ein Sprecher der DDR-Regierung: „Deshalb haben wir uns dazu entschlossen, eine Regelung zu treffen, die es jedem Bürger der DDR möglich macht, über Grenzübergangspunkte der DDR auszureisen." Eine halbe Stunde später konnte jeder DDR-Bürger die Sensation in den Fernsehnachrichten hören: Die Grenzen sind offen! Schon kurze Zeit danach kamen Zehntausende zu den Grenzübergängen, weil sie es nicht glauben konnten. Für einige Stunden gingen sie nach Westberlin und in die Bundesrepublik. An den Grenzen herrschte Volksfeststimmung. Der Regierende Bürgermeister von Westberlin sagte: „Heute Nacht sind die Deutschen das glücklichste Volk der Welt!"

2/23-28

14. Hören Sie die Interviews aus der Nacht vom 9. November 1989.

Welche Sätze fassen die Stimmung der Leute damals am besten zusammen?

Die meisten Leute	war	sehr glücklich.
Einige	waren	sehr bewegt.
Eine Frau	wollte	traurig.
Ein Mann	wollten	beinahe ohnmächtig vor Glück.
Keiner	konnte	es noch nicht glauben.
	konnten	den Ku'damm sehen.

Schaufenster ansehen.
Sekt trinken.
wieder zurück in die DDR.
im Westen bleiben.
dankbar für den herzlichen Empfang.
nur ein Bier oder einen Kaffee trinken.
auf der anderen Seite der Mauer stehen.
öfter hinüberfahren.
die Wiedervereinigung Deutschlands.
eine ökologische Gesellschaft in der DDR aufbauen.
ihre Arbeit machen und ein bisschen verreisen.

15. Was denken Sie, wenn Sie die Bilder ansehen? Sprechen Sie im Kurs darüber.

Von 1961 bis 1989 flohen über 200 000 Menschen aus der DDR, und rund 410 000 reisten legal aus. Allein im Jahr 1989 kamen dann fast 350 000 Menschen legal oder illegal aus der DDR in die Bundesrepublik. Dies waren die wichtigsten Gründe, warum sie die DDR verließen:

– Sie konnten nicht ins westliche Ausland reisen.
– Sie verdienten zu wenig Geld.
– Sie hatten Probleme mit dem Staat und seinen Behörden.
– Sie fanden das Leben in der DDR langweilig.
– Sie wollten in einer Demokratie leben, in der der Staat nicht alles kontrolliert und man frei seine Meinung sagen kann.
– Sie wollten besser leben als in der DDR.
– Sie wollten zu ihren Verwandten in der Bundesrepublik.
– Sie durften ihren Beruf nicht frei wählen.
– Sie glaubten nicht an die Zukunft des Sozialismus.
– Sie wollten in ihrem Beruf etwas Neues machen.

16. Hören Sie das Gespräch mit Dieter Karmann.

2/29

Das ist Dieter Karmann (44). Er ist Fotograf und Buchautor.
Bis 1989 lebte er in der DDR. Dann kam er in die Bundesrepublik.
Jetzt wohnt er in Norddeutschland.

a) Warum ist er in die Bundesrepublik gekommen?
b) Wie hat er das geschafft?
c) Worüber hat er sich geärgert? Warum?

Ein klares Programm

Hase   Herr Minister – seit Monaten hat es nicht mehr geregnet, die Felder und Wiesen sind ausgetrocknet. Was werden Sie dagegen tun, wenn Sie die Wahlen gewinnen?

Wolf   Also, dass wir die Wahlen gewinnen, ist für mich überhaupt keine Frage. Die letzten Umfragen zeigen ja eindeutig, dass der Wähler uns vertraut.

Hase   Gut, aber was wollen Sie gegen die Trockenheit machen?

Wolf   Im Unterschied zur Opposition, die ganz offensichtlich ratlos ist, haben wir uns Gedanken gemacht, und wir werden die drängenden Fragen der Gesellschaft mit aller Entschiedenheit in Angriff nehmen.

Hase   Und wie werden Sie diese Trockenheit bekämpfen – ich meine, ganz konkret?

Wolf   Wir wissen sehr gut, dass es so nicht weitergehen kann, und wir sind uns unserer Verantwortung voll und ganz bewusst. Im Übrigen sind wir Realisten und keine Träumer.

Hase   Ich meine – haben Sie schon konkrete Maßnahmen ins Auge gefasst?

Wolf   Meine Freunde und ich stimmen darin überein, dass wir diese und andere Probleme nur mit großer Entschlossenheit lösen können – und zwar im Auftrag der Wähler.

Hase   Eine letzte Frage, Herr Minister: Leiden Sie persönlich unter der Trockenheit?

Wolf   Ich bin persönlich der Meinung, dass wir alles, was den Bürger bedrückt, ernst nehmen müssen. Sehr ernst.

Hase   Herr Minister – ich danke Ihnen für dieses Gespräch.

die Rentnerin

der Rentner

sich mit der Familie treffen

Gräber pflegen

Ausflüge machen

Sport treiben

den Arzt besuchen

im Garten arbeiten

ALTE MENSCHEN

Jung und Alt unter einem Dach?

Lesen Sie, was unsere Leser zu diesem Thema schreiben.

Eva Simmet, 32 Jahre

Wir wohnen seit vier Jahren mit meiner Mutter zusammen, weil mein Vater gestorben ist. Sie kann sich überhaupt nicht mehr anziehen und ausziehen, ich muss sie waschen und ihr das Essen bringen. Deshalb musste ich vor zwei Jahren aufhören zu arbeiten. Ich habe oft Streit mit meinem Mann, weil er sich jeden Tag über Mutter ärgert. Wir möchten sie schon lange in ein Altersheim bringen, aber wir finden keinen Platz für sie. Ich glaube, unsere Ehe ist bald kaputt.

Irene Kahl, 45 Jahre

Viele alte Leute sind enttäuscht, wenn sie alt sind und alleinbleiben müssen. Muss man seinen El-

tern nicht danken für alles, was sie getan haben? Manche Familien wären glücklich, wenn sie noch Großeltern hätten. Die alten Leute können im Haus und im Garten arbeiten, den Kindern bei den Schulaufgaben helfen, ihnen Märchen erzählen oder mit ihnen ins Kino oder in den Zoo gehen. Die Kinder freuen sich darüber, und die Eltern haben dann auch mal Zeit für sich selber.

Franz Meuler, 42 Jahre

Wir freuen uns, dass wir mit den Großeltern zusammenwohnen können. Unsere Kinder wären sehr traurig, wenn Oma und Opa nicht mehr da wären. Und die Großeltern fühlen sich durch die Kinder wieder jung. Natürlich gibt es auch manchmal Probleme, aber wir würden die Eltern nie ins Altersheim schicken. Sie gehören doch zu uns. Die alten Leute, die im Altersheim leben müssen, sind oft so unglücklich, weil niemand sie besucht und niemand ihnen zuhört, wenn sie Probleme haben.

Wilhelm Preuß, 74 Jahre

Seit meine Frau tot ist, lebe ich ganz allein. Ich möchte auch gar nicht bei meiner Tochter in Stuttgart wohnen; ich würde sie und ihre Familie nur stören. Zum Glück kann ich mir noch ganz gut helfen. Ich wasche mir meine Wäsche, gehe einkaufen und koche mir mein Essen. Natürlich bin ich viel allein, aber ich will mich nicht beschweren. Meine Tochter schreibt mir oft Briefe und besucht mich, wenn sie Zeit hat. Ich wünsche mir nur, dass ich gesund bleibe und nie ins Altersheim muss.

Unser Diskussionsthema für nächste Woche:

Wann darf ein Kind allein in den Urlaub fahren?

Schreiben Sie uns Ihre Meinung und schicken Sie ein Foto mit.

---

1. Wer meint was?

	Herr	Frau

a) Alte Leute und Kinder können nicht gut zusammenleben.
b) Probleme mit den Großeltern sind nicht schlimm.
c) Alte Leute sollen nicht allein bleiben.
d) Alte Leute stören oft in der Familie.
e) Alte Leute gehören ins Altersheim.
f) Großeltern können viel für die Kinder tun.
g) Es ist schwierig, mit alten Leuten zusammenzuwohnen.
h) Großeltern gehören zur Familie.
i) Manche Familien sind ohne Großeltern traurig.

2. Was schreibt Herr Preuß? Erzählen Sie.

Erzählen Sie auch, was die anderen Personen sagen.

> **Reflexivpronomen**
> Ich   ärgere **mich**.   *Akkusativ*
> Er/Sie ärgert **sich**.
> (sich ausziehen, waschen, beschweren, unterhalten, jung fühlen)
>
> Ich   helfe **mir**.   *Dativ*
> Er/Sie hilft **sich**.
> (sich wünschen, Essen kochen, Haare waschen)

> Seit seine Frau tot ist, lebt er ganz allein. Er möchte nicht bei seiner Tochter in Stuttgart wohnen, denn ...

❯ § 10

3. Sollen Großeltern, Eltern und Kinder zusammen in einem Haus leben?

Was meinen Sie? Diskutieren Sie im Kurs.

Ja, Nein,	weil ... wenn ... obwohl ... aber ...	das Familienleben stören für die Kinder wichtig sein mit den Kindern spielen Platz im Haus haben die Eltern lieben Probleme bekommen den Kindern helfen	nicht allein sein krank sein aktiv sein gesund sein Streit bekommen weiterarbeiten sich jung fühlen

4. Wohnen bei den Kindern oder im Altersheim? Welche Alternativen gibt es noch für alte Menschen? Diskutieren Sie Vor- und Nachteile.

Wohngemeinschaft – Altenwohnung – Altensiedlung – Wohnung in der Nähe von Angehörigen ...

Ein schöner Lebensabend

Im Seniorenheim „Abendfrieden" in einem Vorort von Stuttgart wird dieser Wunsch wahr. In hellen, freundlichen Kleinappartements (ab 1200 Euro/Monat), zum Teil mit Balkon, können unsere Pensionäre sich so einrichten, wie sie gern möchten – mit ihren eigenen Möbeln. Allein ist man bei uns nur dann, wenn man allein sein möchte. Eine Krankenschwester und ein Arzt sind immer da, wenn Hilfe gebraucht wird. Wir helfen Ihnen, wenn Sie sich nicht mehr selbst helfen können.

Pflege in Ein- und Zweibettzimmern ab € 75/Tag

Schreiben Sie für nähere Informationen an:

**Seniorenheim „Abendfrieden",
Sekretariat
Friedrichstraße 7, 70174 Stuttgart**

»Haus Schlosspension«
Privates Alten- und Pflegeheim

Wir sind immer für Sie da!

Unser Haus liegt ruhig in der Stadtmitte von Idar-Oberstein. Wir betreuen, pflegen und versorgen alte und kranke Menschen in einer angenehmen, wohnlichen Atmosphäre. Unsere Zimmer sind groß und haben alle ein Bad, eine Toilette, einen Balkon und ein Telefon.

Bitte informieren Sie sich:
»Haus Schlosspension«
Nordtorstraße 9
55743 Idar-Oberstein
Tel. 06781/22439
täglich 9–18 Uhr

Johanneshaus — Altenheim der evangelischen Kirche

Gemeinschaft – Sicherheit – Pflege bietet der Aufenthalt im Senioren- und Pflegeheim „Johanneshaus" in Saarbrücken. Es liegt ruhig am Stadtrand, aber trotzdem nur 15 Busminuten von der City.

Die Bewohner leben in hellen, speziell für alte Leute eingerichteten 1- u. 2-Bett-Zimmern (Pflege) oder Appartements mit eigener Dusche und WC, Telefon und TV-Anschluss. Das Haus hat alle Einrichtungen für eine moderne Pflege und bietet viele Freizeitmöglichkeiten (Vorträge, Videofilme, gemeinsame Busfahrten und Ausflüge, Bibliothek, Hobbyräume und sogar ein kleines Schwimmbad). Das Haus ist offen für Privatzahler und für Personen, deren Kosten von der Pflegeversicherung oder vom Sozialamt bezahlt werden. Auch wenn Sie noch keine Pflege brauchen, können Sie in unserem Haus wohnen und sich selbst versorgen.

Wenn Sie Interesse haben, rufen Sie uns an. Wir haben Zeit, uns mit Ihnen über Ihre Wünsche und Probleme zu unterhalten.

Senioren- und Pflegeheim „Johanneshaus"
Theodor-Heuss-Straße 120 · 66133 Saarbrücken
Telefon: (02302) 8 59 80

5. Was bieten die Altenheime?

a) Seniorenheim „Abendfrieden": | Das Heim hat … / Es gibt …
b) „Haus Schlosspension": | Die Pensionäre wohnen in …
c) „Johanneshaus": | Die Pensionäre können …

6. Welches Altenheim finden Sie am besten? Warum?

Was fehlt Ihrer Meinung nach in den Altenheimen? Wie stellen Sie sich ein ideales Altenheim vor?

> Wohnungen für Ehepaare – Veranstaltungen – Freizeitmöglichkeiten – Lage – Kosten – gemeinsame Reisen – Sport – Hobbyräume – Küche – Tanz – Kontakte zu jungen Leuten

Gruppenarbeit: Diskutieren Sie die Bedingungen für ein ideales Altenheim.

2/31

7. Seniorentreffen

Hören Sie die Gespräche von der Kassette und notieren Sie die Angaben zu jeder der vier Personen.

a) Wie alt sind die drei Rentner und die Rentnerin?
b) Welchen Beruf hatten die Personen früher?
c) In welchem Alter haben sie aufgehört zu arbeiten?
d) Wie viel Rente bekommen sie im Monat?
e) Wohnen sie im Altersheim, bei ihren Kindern oder in einer eigenen Wohnung?
f) Sind sie verheiratet, ledig oder verwitwet?

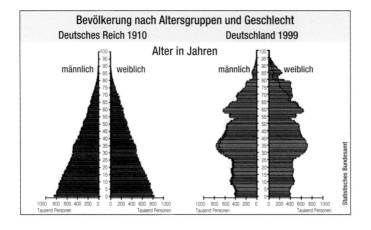

Bevölkerung nach Altersgruppen und Geschlecht

Deutsches Reich 1910   Deutschland 1999

Alter in Jahren

Statistisches Bundesamt

Die Zukunft gehört den Alten

Auf je 100 Einwohner kamen/kommen...

...so viele Ältere
(65 Jahre und mehr)   ...so viele Kinder
und Jugendliche
(bis zu 14 Jahren)

1910 (Deutsches Reich)   5   34

1988 (Gesamtdeutschland)   15   16

2040 (Gesamt-
deutschland)   29   12

8715 © Globus   DIW-Schätzung

8. Was sagen die Statistiken aus?

- 1910 gab es mehr junge Leute als alte.
- 1910 war die Mehrheit der Bevölkerung über 60.
- 1999 gab es fast genauso viele 60-Jährige wie 40-Jährige.
- 1999 gab es bei den 80-Jährigen mehr Frauen als Männer.
- 1988 waren 15% der Bevölkerung älter als 65 Jahre.
- 1988 waren nur 16% der Bevölkerung älter als 14 Jahre.
- 2040 ist die Mehrheit der Bevölkerung über 65 Jahre.
- 2040 gibt es mehr alte Leute als Jugendliche und Kinder.

> § 8

9. Was meinen Sie: Welche Probleme und Konsequenzen kann es geben, wenn es in einer Gesellschaft immer mehr alte Menschen gibt?

Die Politik wird stärker von alten Menschen	bieten, ...
Die Finanzprobleme der Rentenversicherung	geben, ...
Man muss mehr besondere Wohnungen für alte Leute	arbeiten, ...
Wenn sie können, müssen alte Leute auch mit 70 noch	werden größer, ...
Die Industrie muss mehr besondere Artikel für alte Leute	bestimmt, ...
Man muss mehr Altenheime	steigen, ...
Die Kosten für die Krankenversicherung	bauen, ...
Es muss mehr Pflegepersonal	produzieren, ...
Industrie und Handel müssen mehr besondere Arbeitsplätze für alte Leute	

... weil	
	alte Leute häufiger krank sind.
	viele alte Leute sich nicht mehr selbst versorgen können.
	sie bei Wahlen mehr Stimmen als früher haben.
	alte Leute andere Wünsche und Bedürfnisse haben.
	sie nicht mehr so schwer und so schnell arbeiten können.
	es nicht genug junge Arbeitskräfte gibt.
	viele alte Leute nicht im Altenheim wohnen möchten.
	immer mehr Leute eine Rente bekommen.

Welche Probleme/Konsequenzen fallen Ihnen noch ein?
Welche Lösungen sehen Sie?

Endlich ist mein Mann zu Hause

Herr Bauer, 64, war Möbelschreiner. Vor einem Jahr ist er in Rente gegangen. Was tut ein Mann, wenn er endlich nicht mehr arbeiten muss? Er wird Chef im Haus, wo vorher die Frau regierte. Wie das aussieht, erzählt (nicht ganz ernst) Frau Bauer.

So lebte ich, bevor mein Mann Rentner wurde: Neben dem Haushalt hatte ich viel Zeit zum Lesen, Klavierspielen und für alle anderen Dinge, die Spaß machen. Mit meinem alten Auto (extra für mich) fühlte ich mich frei. Ich konnte damit schnell ins Schwimmbad, in die Stadt zum Einkaufen oder zu einer Freundin fahren.

Heute ist das alles anders: Wir haben natürlich nur noch ein Auto. Denn mein Mann meint, wir müssen jetzt sparen, weil wir weniger Geld haben. Deshalb bleibt das Auto auch meistens in der Garage. Meine Einkäufe mache ich jetzt mit dem Fahrrad oder zu Fuß. Ziemlich anstrengend, finde ich. Aber gesund, meint mein Mann. In der Küche muss ich mich beeilen, weil das Mittagessen um 12 Uhr fertig sein muss. Ich habe nur noch selten Zeit, morgens die Zeitung zu lesen. Das macht jetzt mein Mann. Während er schläft, backe ich nach dem Mittagessen noch einen Kuchen (mein Mann findet den Kuchen aus der Bäckerei zu teuer) und räume die Küche auf.

Weil ihm als Rentner seine Arbeit fehlt, sucht er jetzt immer welche. Er schneidet die Anzeigen der Supermärkte aus der Zeitung aus und schreibt auf einen Zettel, wo ich was am billigsten kaufen kann. Und als alter Handwerker repariert er natürlich ständig etwas: letzte Woche einen alten Elektroofen und fünf Steckdosen. Oder er arbeitet im Hof und baut Holzregale für das Gästezimmer unter dem Dach. Ich finde das eigentlich ganz gut. Aber leider braucht er wie in seinem alten Beruf einen Assistenten, der tun muss, was er sagt. Dieser Assistent bin jetzt ich. Den ganzen Tag höre ich: „Wo ist …?", „Wo hast du …?", „Komm doch mal!", "Wo bist du denn?" Immer muss ich etwas für ihn tun. Eine Arbeit muss der Rentner haben!

10. So sieht Frau Bauer die neue Situation.

Was glauben Sie: Was würde wohl Herr Bauer schreiben? Worüber ärgert er sich? Worüber regt er sich auf?

11. „Immer will er etwas!"

› §33

Personalpronomen
Bringst du **es** mir?
Bringst du   mir **das**?
Definitpronomen

Öl	Pflaster	Farbe	Lampe	Bürste	Bleistift	Holz	bringen
Papier	Kugelschreiber	Seife	Zigaretten	Brille	Messer		suchen
							holen
							geben

12. Kennen Sie auch alte Leute? (Großmutter, Großvater, Nachbarin, Vermieter, …)

Wie leben sie? Was machen sie?

morgens	im Garten arbeiten allein sein noch arbeiten auf die Kinder aufpassen
mittags	
nachmittags	den Kindern helfen im Internet surfen immer zu Hause bleiben
abends	
jeden Tag	Briefe schreiben lesen sich unterhalten in einem …Verein sein
immer	
gewöhnlich	Karten spielen viel schlafen viel reisen Verwandte besuchen
manchmal	
meistens	telefonieren viel Besuch haben sich mit | Freunden | treffen
oft	Spaziergänge machen Musik hören Bekannten

DIE »EISERNEN«

Viele Paare feiern nach 25 Ehejahren die „silberne Hochzeit", nur noch wenige nach 50 Jahren die „goldene Hochzeit". Und ganz wenige Glückliche können nach 65 gemeinsam erlebten Jahren die „eiserne Hochzeit" feiern. Unser Reporter hat drei „eiserne Paare" besucht und mit ihnen gesprochen.

♡ „Liebe Ilona! Glaube mir, ich liebe immer nur Dich. Dein Xaver." Das hat Xaver Dengler vor langer Zeit seiner späteren Frau auf einer Postkarte geschrieben. Die „Liebe für immer" haben schon viele Männer versprochen, aber Xaver Dengler ist nach 70 Jahren wirklich noch mit seiner Ilona zusammen. Sie sitzen in ihrer Drei-Zimmer-Wohnung und lesen ihre alten Liebesbriefe. „Ich hätte keinen anderen Mann geheiratet", sagt Ilona. „Und ich keine andere Frau", sagt Xaver. Als sie sich kennenlernten, war sie 16 Jahre alt und er 18. „Das war so", erzählt Frau Dengler, „meine Schwester und ich konnten schön singen. Wir haben im Garten vor unserem Haus gesessen. Da ist der Xaver mit einem Freund vorbeigekommen. Sie haben zugehört, wie wir gesungen haben, und dann haben sie gefragt, ob sie sich zu uns setzen dürfen. So hat alles angefangen." „Ja, das ist wahr", sagt er und lacht, „aber mich habt ihr nie mitsingen lassen."

Als sie 1936 heirateten, war das erste Kind schon da. „Die Leute im Dorf haben natürlich geredet, aber meine Familie hat es Gott sei Dank akzeptiert. Xaver war damals noch in der Ausbildung. Wir mussten warten, bis er sein erstes Geld verdiente und wir uns eine kleine Wohnung leisten konnten", erzählt Frau Dengler. „Ganz so ungewöhnlich war das damals wohl nicht", meint Herr Dengler. „Die Leute haben es schon verstanden. Nur, geredet haben sie trotzdem."

70 gemeinsame Jahre – waren Ilona und Xaver das ideale Ehepaar? Eine Traumehe war es wohl nicht. „Er ist jeden Sonntag in die Berge zum Wandern gegangen, und ich war allein zu Hause mit den Kindern. Beim Wandern waren auch Mädchen dabei, das habe ich gewusst. Da habe ich mich manchmal geärgert. Ob er eine Freundin hatte, weiß ich nicht. Ich habe ihn nie gefragt." Xaver: „Ich hätte es dir auch nicht gesagt. Aber wir beide haben uns doch immer gern gehabt." Streit haben sie nie gehabt, sagen Xaver und Ilona. Nur einmal, aber das war schnell vorbei. „Ja, du warst immer ein guter Mann, Xaver", sagt Ilona. Was kann man sich noch erzählen, wenn man schon 65 Jahre verheiratet ist? Für die Denglers ist das offenbar kein Problem. Ihre Tochter, die bei ihnen wohnt, hört die alten Leute im Bett oft noch stundenlang reden.

♡ In einem Hamburger „Tanzsalon" haben sie sich 1927 kennengelernt und dann sehr bald geheiratet: Marianna und Adolf Jancik. Als Schlosser hatte er damals nur einen kleinen Wochenlohn. „Wenn du deine Arbeit hast, dein Essen und Trinken: Was soll da schwierig sein?", sagt der 93-Jährige im Rückblick auf seine lange Ehe. Seine 90-jährige Frau ist stolz auf ihren Eherekord: „70 Jahre lang jeden Tag Essen kochen – das soll mir erst einer nachmachen!" Das Erinnerungsfoto stammt von der goldenen Hochzeit der beiden.

♡ „Bei uns kann man wirklich sagen, es war Liebe auf den ersten Blick", meint Heinrich Rose. Als er und seine spätere Frau Margarethe sich im Jahr 1932 verlobten, war er noch Student. Zwei Jahre später, bei der Hochzeit, arbeitete er schon als Jurist.

So gut er kann, hilft der 88-Jährige seiner 87-jährigen Frau im Haushalt. Seine Liebeserklärung heute: „Ich würd' dich noch mal heiraten, bestimmt …" Die längste Zeit der Trennung in über 60 Ehejahren? „Sieben Tage warst du einmal allein verreist", sagt sie, „eine schreckliche Woche!"

13. Was sagen die alten Leute?

a) über ihre Ehepartner?   b) über ihre Ehe?   c) über ihr gemeinsames Leben?

§ 11

14. Was steht im Text über Xaver und Ilona?

Erzählen Sie im Kurs. Hier sind Stichworte.

> schon über 70 Jahre – immer noch – Alter, als sie sich kennenlernten – wie kennengelernt? – Kind schon vor der Ehe – Traumehe? – Wochenende allein – Freundin – Streit – sich viel erzählen …

Xaver und Ilona haben sich vor 70 Jahren kennengelernt. Jetzt sind sie …

15. Kürzen Sie den Text über Xaver und Ilona.

Kürzen Sie den Text so, dass er nicht länger ist als die Texte zu den beiden anderen Paaren.

Reziprokpronomen
Er lernt sie kennen. Sie lernt ihn kennen.
Sie lernen **sich** kennen.

16. Auch eine Liebesgeschichte

Ich bin 65 Jahre alt und fühle mich seit dem Tod meiner Frau sehr einsam. Welche liebe Dame (Nichtraucherin) möchte sich einmal mit mir treffen? Ich bin ein guter Tänzer, wandere gern und habe ein schönes Haus im Grünen.   Tel. 77 53 75

Erzählen Sie die Liebesgeschichte. Verwenden Sie folgende Wörter.

Am Anfang	Deshalb	Später
Schließlich	Am Schluss	Dann

sich verabredet

sich verlobt

sich besucht – sich verliebt

sich beim Tanzen getroffen

sich gestritten

sich nicht mehr geliebt

Die Rentner-Band von Ludwigshafen

Hans Staiger (66) gewinnt Volkslauf in Hillegossen

Pensionär gründet Motorrad-Museum

Eine Großmutter für 5 Euro pro Stunde

Die Reisen des Rentners Emil Kranz

Kochen wie zu Großmutters Zeiten: Rentnerin organisiert Kochkurse für junge Frauen

Nach der Pensionierung: Als Sozialarbeiter in Afrika

Statt Altersheim: Mit 70 in die Wohngemeinschaft

17. Hören Sie das Interview.

2/32

a) Welche Schlagzeile passt zu dem Interview?

b) Sind die folgenden Aussagen richtig *r* oder falsch *f* ?

   Frau Heidenreich ist 69 Jahre alt.

   Sie war früher Ärztin von Beruf.

   Vor zwei Jahren hat sie einen Verein für Leihgroßmütter gegründet.

   Das bedeutet, sie vermittelt ältere Damen an Familien, die eine Hilfe für die Hausarbeit brauchen.

   Der Verein antwortet auf Anzeigen, die von jungen Familien aufgegeben werden.

   Der Verein hat 27 Mitglieder.

   Die alten Damen sind zwischen 62 und 77 Jahre alt.

   Frau Heidenreich hat früher einen kleinen Jungen aus der Nachbarschaft betreut.

   Die Nachbarsfamilie ist später nach Hamburg umgezogen.

   Frau Heidenreich hat die Idee zu dem Verein zuerst mit ihren Freundinnen besprochen.

   Die jungen Eltern kommen zum Verein und suchen sich eine Leihgroßmutter aus.

   Der Verein bekommt von den Familien eine einmalige Vermittlungsgebühr.

   Die Vereinsmitglieder möchten mit ihrer Tätigkeit vor allen Dingen Geld verdienen.

   Ein Mitglied des Vereins ist inzwischen ganz zu der Familie gezogen, bei der sie vorher Leihgroßmutter war.

   Wenn es Probleme gibt, werden sie gemeinsam im Verein besprochen.

c) Korrigieren Sie die falschen Aussagen.

d) Schreiben Sie einen Zeitungsartikel über Frau Heidenreich und ihren Verein.

18. Haben Sie schon Wünsche oder Ideen für Ihr eigenes Alter?

● Schau nur, Otto, da drüben, die jungen Leute!

■ Wo …? Ach, du meinst das Pärchen, das gerade zu uns rüberschaut?

● Was glaubst du, was die jetzt denken?

■ Weiß ich nicht, ist mir auch völlig egal.

● Sicher denken sie: „Die in ihrem Alter, dass die sich nicht schämen."

■ Schämst du dich, mein Schäfchen?

● Nein, mein kleiner Humpelbock, im Gegenteil. Ich freue mich.

■ Ich auch. Mein Gott, nie wieder möchte ich so jung sein!

● Ich auch nicht, um keinen Preis. Dieses schreckliche Theater mit der so genannten Liebe …

■ Ja, sie können einem leidtun, die jungen Leute!

● Siehst du, jetzt stehen sie auf und gehen fort.

■ Sicher hat er gesagt, dass er nicht versteht, warum sie gestern in der Disko ständig mit dem Bob getanzt hat.

● Und sie hat gesagt, dass sie nicht versteht, warum er das dem Bob erlaubt hat.

■ Und so weiter …

● Und so weiter …

■ Wie gut, dass wir nicht mehr in die Disko gehen!

● Sondern an Weihnachten nach Bali fliegen.

■ Wie wär's mit einem Kuss?

● Tut man das in unserem Alter? Und in aller Öffentlichkeit?

■ Natürlich nicht. Deswegen ist es ja auch so schön!

das Sachbuch   das Lexikon   das Kochbuch

er Krimi   die Zeitschrift

BÜCHER LESEN

Reime-Baukasten

A Reime mit »... and / ... ant«
a) Mein Boot liegt dort unten am Strand.
b) Schon zieht der Sommer übers Land.
c) Weich und warm ist hier der Sand.
d) Die blaue Blume in deiner Hand.
e) Ein Bild von dir an meiner Wand.
f) Du weißt, dass ich es nie verstand.
g) Wo gestern Baum und Haus noch stand.
h) Du glaubst, du hättest mich gekannt.

B Reime mit »... eit / ... eid«
a) Hast du heute für mich Zeit?
b) Der Frühling trägt ein buntes Kleid.
c) Der Fluss ist hier so tief und breit.
d) Bis morgen haben wir noch Zeit.
e) Meine Worte tun mir leid.
f) Noch sieben Stunden. Der Weg ist weit.
g) Hörst du die Vögel? Sie haben Streit.
h) Ein Kind ruft laut: „Es schneit! Es schneit!"

C Reime mit »... ir / ... ihr / ... ier«
a) Ich bin schon seit zwei Jahren hier.
b) Vor mir liegt ein Brief von dir.
c) Ich bin allein. Du bist nicht hier.
d) Ich sehe Fische unter mir.
e) Gehört der kleine Hund zu ihr?
f) Mein Abendessen: drei Glas Bier.
g) Ich zähle die Wolken. Es sind nur vier.
h) Die Stadt ist leer. Kein Mensch, kein Tier.

1. Machen Sie aus den Sätzen kleine Gedichte.

Finden Sie auch einen Titel. Zum Beispiel:

Allein im Sommer
Vor mir liegt ein Brief von dir.
Du glaubst, du hättest mich gekannt.
Ich zähle die Wolken. Es sind nur vier.
Schon zieht der Sommer übers Land.

2. Sie können die Reime auch anders ordnen.

Zum Beispiel:

... Land	... Land	... Wand
... Wand oder	... hier oder	... stand
... hier	... vier	... Hand
... vier	... Wand	... Sand

3. Wenn Sie möchten, können Sie die Sätze verändern.

Zum Beispiel:

Mein Haus steht dort unten am Strand.
Ich liege mit dir am Strand.
Kommst du mit an den Strand?
...

4. Machen Sie selbst auch neue Reime.

Zum Beispiel mit: ... Mai
... frei
... vorbei
... zwei
... drei
...

Herbsttag

(...)

Wer jetzt kein Haus hat, baut sich keines mehr.

Wer jetzt allein ist, wird es lange bleiben,

wird wachen, lesen, lange Briefe schreiben

und wird in den Alleen hin und her

unruhig wandern, wenn die Blätter treiben.

(...)

Rainer Maria Rilke (1875–1926)

Vergänglichkeit

(...)

Vom Baum des Lebens fällt

Mir Blatt um Blatt

O taumelbunte Welt,

Wie machst du satt.

Wie machst du satt und müd,

Wie machst du trunken!

(...)

Hermann Hesse (1877–1962)

(...)

Im wunderschönen Monat Mai,

Als alle Knospen sprangen,

Da ist in meinem Herzen

die Liebe aufgegangen.

Im wunderschönen Monat Mai,

Als alle Vögel sangen,

Da hab ich ihr gestanden

Mein Sehnen und Verlangen.

(...)

Heinrich Heine (1797-1856)

Lied des Harfenmädchens

(...)

Heute, nur heute

Bin ich so schön;

Morgen, ach morgen

Muss alles vergehn!

Nur diese Stunde

Bist du noch mein;

Sterben, ach sterben

Soll ich allein.

(...)

Theodor Storm (1817–1888)

Der Rauch

Das kleine Haus unter Bäumen am See.

Vom Dach steigt Rauch.

Fehlte er

Wie trostlos dann wären

Haus, Bäume und See.

Bertolt Brecht (1898–1956)

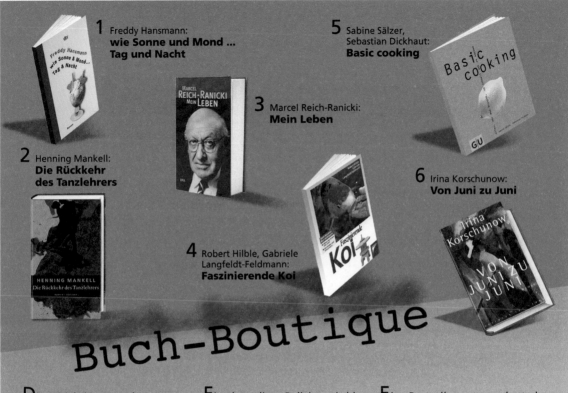

1 Freddy Hansmann:
wie Sonne und Mond ...
Tag und Nacht

5 Sabine Sälzer,
Sebastian Dickhaut:
Basic cooking

3 Marcel Reich-Ranicki:
Mein Leben

2 Henning Mankell:
**Die Rückkehr
des Tanzlehrers**

6 Irina Korschunow:
Von Juni zu Juni

4 Robert Hilble, Gabriele
Langfeldt-Feldmann:
Faszinierende Koi

Buch-Boutique

Die 16-jährige Lene hat wegen einer Krankheit ihre Haare verloren und wird deshalb von ihren Eltern in eine psychologische Gruppe geschickt. Dort lernt sie Jugendliche kennen, die viel schlimmere Probleme haben als sie selbst. Lene macht in dieser Zeit auch ihre ersten sexuellen Erfahrungen. Doch ihr Freund und sie sind so verschieden wie Sonne und Mond.

Welcher Fisch im Gartenteich frisst aus der Hand und lässt sich streicheln? Ein Koi tut das, wenn er sich an seinen Besitzer gewöhnt hat. Kein Wunder, dass die schönen japanischen Fische wie Haustiere geliebt werden. Allerdings sind Koi sehr empfindlich und stellen hohe Ansprüche an die Wasserqualität. Ein nützliches Buch für alle, die Koi halten möchten.

Ein ehemaliger Polizist wird in seinem einsamen Haus grausam ermordet. Liegt das Motiv in seiner nationalsozialistischen Vergangenheit? Wie immer bietet der Autor Spannung, brisante Themen und einen Kommissar, der mit sich selbst große Probleme hat. Nach Mankells Romanen wurden schon mehrere Fernsehfilme gedreht.

Ein lustiges Kochbuch mit vielen fantastischen Fotos. Hier finden Sie tolle Rezepte für den kleinen und für den großen Hunger. Auch schwierige Menüs werden einfach und witzig erklärt. Ideal für junge Leute, die beim Thema Essen nicht an biologische Ernährung, sondern an schöne Stunden mit Freunden denken.

Ein Bestseller vom „deutschen Papst der Literaturkritik". Mit 80 Jahren schreibt Reich-Ranicki, der in seiner Jugend als Jude das Warschauer Getto überlebt hat, ein Buch über sein Leben. Er erzählt von seiner beruflichen und persönlichen Entwicklung, seiner Ehe und von den vielen bekannten Autoren und Autorinnen, die er kennengelernt hat. Ein wichtiges Buch, wenn Sie die deutsche Literatur lieben.

An einem Tag im Juni läuft die 16-jährige Tochter eines Münchner Ehepaars weg und kommt nicht wieder nach Hause. Ein furchtbarer Schock für die Eltern und ein schwieriger Fall für die Polizei. Die Schlagzeilen einer sensationshungrigen Reporterin aber machen das Unglück erst zu einem Drama. Als das Mädchen nach Monaten zurückkommt, ist die Familie zerstört.

5. **Welcher Text gehört zu welchem Buch?**

6. **Welches Buch ist ein(e):**

Jugendbuch, Tierbuch, Kriminalroman, Kochbuch, Autobiografie, Roman?

Herbstmilch
Lebenserinnerungen einer Bäuerin

ANNA
WIMSCHNEIDER

Anna Wimschneider, geboren 1919 in Niederbayern, ist acht Jahre alt, als ihre Mutter bei der Geburt des neunten Kindes stirbt. Da ist für Anna die Kindheit vorbei.

Als ältestes Mädchen muss sie in der großen Bauernfamilie die Hausfrau und Mutter ersetzen. Annas Jugend besteht nur aus Arbeit und Armut. Mit zwanzig Jahren heiratet sie ihre erste und einzige Liebe, Albert Wimschneider. Elf Tage nach der Hochzeit muss Albert zum Militär; Anna bleibt auf dem Bauernhof ihres Mannes mit vier alten, kranken Leuten zurück. Jetzt beginnt ihr Arbeitstag um zwei Uhr in der Nacht.

Anna Wimschneider, die nur fünf Jahre eine Schule besuchen konnte, hat in dem Buch „Herbstmilch" ihr Leben beschrieben – das Leben einer Bäuerin. Es ist keine Idylle vom fröhlichen und gesunden Landleben.

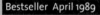

Bestseller April 1989

Belletristik

1	**Wimschneider: Herbstmilch** Piper; 22 Mark	
2	**Allende: Eva Luna** Suhrkamp; 38 Mark	
3	**Danella: Das Hotel im Park** Hoffmann und Campe; 39,80 Mark	
4	**King: Schwarz** Heyne; 19,80 Mark	
5	**Süskind: Das Parfüm** Diogenes; 29,80 Mark	
6	**Mehta: Die Maharani** Droemer; 39,80 Mark	
7	**Groult: Salz auf unserer Haut** Droemer; 34 Mark	
8	**Lessing: Das fünfte Kind** Hoffmann und Campe; 29,80 Mark	
9	**Sheldon: Die Mühlen Gottes** Planvalet; 39,80 Mark	
10	**Bradley: Die Feuer von Troia** Krüger; 48 Mark	

Hektar : ein Hektar = 10 000 m²	Im Landkreis Rottal-Inn steht an einem leichten Osthang ein Bauernhof mit neun Hektar Grund. Drinnen wohnten Vater und Mutter und der Großvater, das war Mutters Vater, und dazu noch acht Kinder. Franz war der älteste, dann kam der Michl, der Hans und ich, das erste Mädchen, nach mir Resl, Alfons, Sepp und Schorsch und später dann noch ein Bub. (…)
Bub: Junge (bayerisch)	
Badewandl: Badewanne (bayerisch)	Einmal spielten wir auch so schön und lustig und liefen alle rund ums Haus. Da kam bei der Haustüre die Fanny heraus mit unserem Badewandl und schüttete nahe beim Haus viel Blut aus. … Sie sagte, das ist von der Mutter. … Die Mutter lag im Bett, sie hatte den Mund offen, und ihre Brust hob und senkte sich in einem Röcheln. Im Bettstadl lag ein kleines Kind und schrie, was nur rausging. Wir Kinder durften zur Mutter ans Bett gehen und jedes einen Finger ihrer Hand nehmen.
röcheln: laut und schwer atmen	
Bettstadl: Kinderbett (bayerisch)	(…)
	Es war gerade Sommer, meine Mutter ist am 21. Juli 1927 gestorben.
	(…)
	Es kam die Ernte, und die meiste Arbeit war da die Feldarbeit, und jeder hatte es satt, immer wieder zu helfen. Da dachte der Vater, ich muß mir selber helfen. Es blieb ihm nichts anderes übrig, als die Kinder arbeiten zu lassen.
	(…)
Dirndsarbeit: Arbeit für Mädchen	Es dauerte nicht lange, da sagten die Buben, im Haus ist alles deine Arbeit, das ist Dirndsarbeit. Nach der Schule kam die Meieredermutter, um mir das Kochen beizubringen. In meinem Beisein sagte der Vater zu ihr, wenn sich's das Dirndl nicht merkt, haust du ihr eine runter, da merkt sie es sich am schnellsten. An Sonntagen lernte sie mir das meiste, da war keine Schule. Mit neun Jahren konnte ich schon Rohrnudeln, Dampfnudeln, Apfelstrudel, Fischgerichte und viele andere Dinge kochen.
Dirndl: Mädchen (bayerisch)	
eine runterhauen: ins Gesicht schlagen	
Rohrnudel, Dampfnudel: bayerische Mehlspeisen	
	(…)
	Milch und Kartoffeln und Brot gehörten zu unserer Hauptnahrung. Abends, wenn ich nicht mehr richtig kochen konnte, weil wir oft von früh bis vier Uhr nachmittags Schule hatten und dann erst in der Abenddämmerung heimkamen, da haben wir für die Schweine einen großen Dämpfer Kartoffeln gekocht. Die kleinen Kinder konnten kaum erwarten, bis er fertig war, schliefen dann aber doch auf dem Kanapee oder auf der harten Bank ein. Wir mußten sie dann zum Essen wecken. Weil wir so viel Hunger hatten, haben wir so viele Kartoffeln gegessen, dass für die Schweine nicht genug übrigblieb. Da hat der Vater geschimpft. Der Hans hat einmal 13 Kartoffeln gegessen, da hat der Vater gesagt,(…) friß nicht so viel, es bleibt ja nichts mehr für die Sau.
Dämpfer: Kochtopf (bayerisch)	
Kanapee: Möbel, auf dem man sitzen und liegen kann	
Sau: weibliches Schwein	
	(…)
flicken: kaputte Kleidung reparieren	Hosen wurden jeden Tag zerrissen. Da zwang mich mein Vater, bis um zehn Uhr abends zu nähen und zu flicken, wenn alle anderen schon im

Bett lagen. Auch er ging zu Bett. Wenn es mir dann gar zuviel wurde, ging ich in die Speisekammer, machte die Tür ganz auf und stellte mich hinter die aufgeschlagene Tür. Da konnte ich mich verstecken und weinte mich aus. Ich weinte so bitterlich, daß meine Schürze ganz naß wurde. Mir fiel dann immer ein, daß wir keine Mutter mehr haben. Warum ist gerade unsere Mutter gestorben, wo wir doch so viele Kinder sind.

(…)

Es kam das Jahr 1939, und manche Leute redeten vom Krieg. An einem Sonntag fragte mich Albert, ob ich seine Frau werden will. Ich konnte es anfangs gar nicht recht glauben. Dann hielt er bei meinem Vater um mich an. Da war es nun nicht mehr so leicht für den Vater, denn mit mir verlor er eine Arbeitskraft, und meine Schwester konnte mich nicht so leicht ersetzen.

(…)

Am 25. Juli 1939 wurde an Albert der Hof übergeben. Am 18. August war die standesamtliche und am 19. die kirchliche Trauung.

(…)

In einer halben Stunde war alles vorbei, und wir waren Mann und Frau. Wir zogen unsere schönen Kleider aus und fingen die Arbeit an. Das Essen war wie an anderen Tagen auch. Ein Hochzeitsfoto wurde nicht gemacht.

(…)

Wie wir geheiratet haben, waren wir so arm, das kann sich heute niemand vorstellen. Das mußte man schon von klein an gewöhnt sein, sonst hätte man das nicht ausgehalten.

(…)

Es war noch Erntezeit, (…), da kam mit der Post der Einberufungsbefehl für meinen Mann. (…) Daß mein Mann in der ganzen Gemeinde der erste und einzige war, der einrücken mußte, hat mich sehr geärgert. Nur weil meine vier alten Leute keine Nazis waren! Alle anderen jungen Männer waren lange Zeit noch daheim.

(…)

Meine Schwiegermutter sagte, jetzt, wo dein Mann nicht mehr hier ist, mußt du bei mir in der Kammer schlafen, du bist noch jung, und es könnte einer zu dir kommen. Mir war es gleich, ich war am Abend sowieso müde, daß ich nur schlafen wollte. Daher zog ich in ihre Kammer.

Um zwei Uhr morgens mußte ich aufstehen, um zusammen mit der Magd mit der Sense Gras zum Heuen zu mähen. Um sechs Uhr war die Stallarbeit dran, dann das Futtereinbringen für das Vieh, im Haus alles herrichten und wieder hinaus auf die Wiese. Ich mußte nur laufen. Die Schwiegermutter stand unter der Tür und sagte, lauf Dirndl, warum bist du Bäuerin geworden? Sie aber tat nichts.

Speisekammer: kleiner, kühler Raum für Lebensmittel

um eine Frau anhalten: um Erlaubnis für die Heirat bitten

Trauung: Hochzeit

Einberufungsbefehl: Befehl, Soldat zu werden
einrücken: zum Militär gehen
Nazis: Nationalsozialisten

Magd: Arbeiterin auf einem Bauernhof (früher)
Sense: altes Werkzeug zum Grasschneiden

Nach dem Buch „Herbstmilch" wurde ein Film gedreht.
Auch der Film wurde ein großer Erfolg.

Das Buch „Herbstmilch" war im deutschsprachigen Raum ein großer Erfolg. In vielen Zeitungen und Zeitschriften gab es Interviews mit Anna Wimschneider. Wir haben hier die wichtigsten Informationen für Sie zusammengestellt.

Was bedeutet der Titel des Buches?

Herbstmilch ist eine Suppe aus saurer Milch, Mehl und Wasser. Sie war früher ein häufiges Frühstück für arme Bauernfamilien in Bayern.

Las Anna Wimschneider gerne Bücher?

Außer der Bibel hat sie in ihrem Leben kaum etwas gelesen – noch nicht einmal ihr eigenes Buch.

Warum hat Anna Wimschneider ihre Lebenserinnerungen aufgeschrieben?

Anna Wimschneider hatte drei Töchter, die jetzt erwachsen sind und in München leben. Die Töchter baten die Mutter oft, ihre Lebenserinnerungen aufzuschreiben, weil sie wissen wollten, wie Annas schwere Kindheit und Jugend wirklich war. Als sie schon über sechzig Jahre alt war, war Anna lange Zeit schwer krank. Da setzte sie sich an ihren Küchentisch und schrieb zwei Wochen lang ihre Lebensgeschichte für ihre Kinder auf – dabei saß ihre Katze auf ihrem Schoß.

Wieso wurde aus dem privaten Manuskript ein Buch?

Nur durch Zufall. Annas zweite Tochter, Christine, ist mit einem Arzt verheiratet. Eines Tages kam ein Kollege zu Besuch und las Annas Lebensbericht. Er gefiel ihm so gut, dass er ihn dem Verleger Piper zu lesen gab, mit dem er befreundet war.

Was veränderte sich für Anna Wimschneider durch den großen Erfolg ihres Buches?

Anna Wimschneider hatte in ihrem Leben große Armut erlebt. Durch das Buch und den Film verdiente sie sehr viel Geld, aber sie blieb trotzdem eine einfache Bauersfrau. Sie wohnte mit ihrem Mann im gleichen Haus wie früher, mit den gleichen alten Möbeln. Für sich selbst gab sie nicht gerne Geld aus, aber Schenken machte ihr Freude. Ihr größtes Glück im Alter war, dass sie jetzt endlich so lange schlafen konnte, wie sie wollte.

Anna Wimschneider starb am 1. Januar 1993.

2/34

Demonstration der Bücher

■ Hallo …!

● Was ist? Wer ruft denn da?

■ Hallo, Herr Leser! Ich bin's, eins deiner Bücher.

● Nanu! Fangen Bücher jetzt auch schon an zu rufen? Und was willst du?

■ Ich möchte endlich gelesen werden!

● Gelesen werden – wozu? Sei froh, dass ich dich in Ruhe lasse.

■ Ich spreche auch im Namen meiner vielen Freunde. Die möchten auch endlich einmal gelesen werden.

● Red keinen Unsinn! Es ist sehr schön, wie ihr da steht. Es sieht gut aus und macht einen guten Eindruck.

■ Es ist uns egal, ob wir einen guten Eindruck machen – wir wollen gelesen werden!

● Außerdem habt ihr viel Geld gekostet – also seid jetzt bitte zufrieden!

■ Nein, wir sind nicht zufrieden! Wenn du uns nicht liest, dann machen wir eine Demonstration.

● Eine Demonstration? Ihr? Dass ich nicht lache!

■ Wir fangen an zu rütteln, zu rucken und zu zucken, bis wir aus dem Regal kippen und auf den Boden fallen.

● Kommt nicht in Frage! Ihr bleibt, wo ihr seid!

■ Und auf dem Boden machen wir dann keinen guten Eindruck mehr.

● Ich verbiete euch … Also gut, morgen beginne ich mit dem Lesen.

■ Wir glauben dir nicht. Seit Jahren willst du morgen beginnen.

● Dann heute Abend.

■ Heute Abend sitzt du doch wieder vor dem Fernseher – wie immer.

● Mein Gott, was seid ihr lästig! Also gut – sofort.

■ Danke, lieber Herr Leser, vielen Dank!

Artikel und Nomen

---

§ 1 Artikelwörter: „dieser", „mancher", „jeder" / „alle"

	Nominativ		*Akkusativ*		*Dativ*		*Genitiv*	
Singular:	dies**er**	Mann	dies**en**	Mann	dies**em**	Mann	dies**es**	Mannes
	dies**e**	Frau	dies**e**	Frau	dies**er**	Frau	dies**er**	Frau
	dies**es**	Kind	dies**es**	Kind	dies**em**	Kind	dies**es**	Kindes
Plural:	dies**e**	Leute	dies**e**	Leute	dies**en**	Leuten	dies**er**	Leute

Diese Endungen auch bei den Artikelwörtern mancher *und* jeder/alle:

manch**er** Mann	manch**en** Mann	manch**em** Mann	manch**es** Mannes
...	...	...	...

 Plural von jeder *ist* alle:

Singular:	jed**er** Mann	jed**en** Mann	jed**em** Mann	jed**es** Mannes
	...	...	...	...
Plural:	all**e** Leute	all**e** Leute	all**en** Leuten	all**er** Leute

Die Endungen sind wie die Endungen des definiten Artikels:

	Mask.	*Fem.*	*Neutrum*	*Plural*
Nominativ	-er	-e	-es	-e
Akkusativ	-en	-e	-es	-e
Dativ	-em	-er	-em	-en
Genitiv	-es	-er	-es	-er

---

§ 2 Artikel bei zusammengesetzten Nomen

die Arbeit	+	der Tag	→	der Arbeitstag
der Urlaub	+	die Reise	→	die Urlaubsreise
die Woche	+	das Ende	→	das Wochenende

Nomen mit besonderen Formen im Singular §3

a) Einige maskuline Nomen

Nominativ	der	Mensch	Herr	Kollege		Name
Akkusativ	den	Menschen	Herrn	Kollegen		Namen
Dativ	dem	Menschen	Herrn	Kollegen		Namen
Genitiv	des	Menschen	Herrn	Kollegen		Namens

Diese Endungen auch bei anderen Nomen:

Diese Endungen auch bei

wie Mensch: Assistent, Patient, Präsident, Student, Musikant, ...
Demokrat, Soldat, ...
Fotograf, ...
Journalist, Jurist, Komponist, Polizist, Tourist, ...

Friede, Gedanke

wie Herr: Bauer; Nachbar
wie Kollege: Junge, Kunde, Neffe
Chinese, Grieche, Franzose, ...

b) Nomen aus Adjektiven

	Maskulinum			*Femininum*	
Nom.	der Angestellte	ein Angestellter		die Angestellte	eine Angestellte
Akk.	den Angestellten	einen Angestellten		die Angestellte	eine Angestellte
Dat.	dem Angestellten	einem Angestellten		der Angestellten	einer Angestellten
Gen.	des Angestellten	eines Angestellten		der Angestellten	einer Angestellten

Diese Endungen auch bei
der/die Angehörige, Arbeitslose, Bekannte, Deutsche, Erwachsene, Jugendliche, Kranke, Selbstständige, Tote, Verlobte, Verwandte, ...; der Beamte (*Femininum:* die Beamtin)

 Vgl. Deklination der Adjektive § 5.

Genitiv bei Ausdrücken mit Possessivartikel und bei Namen §4

die Frau	von meinem Bruder		die Frau	meines Bruders
der Mann	von meiner Schwester		der Mann	meiner Schwester
die Mutter	von meinem Kind		die Mutter	meines Kindes
die Eltern	von meinen Eltern		die Eltern	meiner Eltern

die Frau	von Helmut		Helmuts Frau
der Mann	von Ingrid		Ingrids Mann
das Kind	von Ulrike		Ulrikes Kind

 Vornamen auf -s oder -z kann man mit Apostroph schreiben: Thomas' Frau.
Beim Sprechen benützt man oft von + *Name:* die Frau von Thomas.

GRAMMATIK

Adjektiv

§ 5 Artikelwort + Adjektiv + Nomen

		nach definitem Artikel			nach indefinitem Artikel		
Singular:	Nominativ	der	klein**e**	Mann	ein	klein**er**	Mann
		die	klein**e**	Frau	eine	klein**e**	Frau
		das	klein**e**	Kind	ein	klein**es**	Kind
	Akkusativ	den	klein**en**	Mann	einen	klein**en**	Mann
		die	klein**e**	Frau	eine	klein**e**	Frau
		das	klein**e**	Kind	ein	klein**es**	Kind
	Dativ	dem	klein**en**	Mann	einem	klein**en**	Mann
		der	klein**en**	Frau	einer	klein**en**	Frau
		dem	klein**en**	Kind	einem	klein**en**	Kind
	Genitiv	des	klein**en**	Mannes	eines	klein**en**	Mannes
		der	klein**en**	Frau	einer	klein**en**	Frau
		des	klein**en**	Kindes	eines	klein**en**	Kindes

Diese Formen auch nach dieser, diese, dieses jeder, jede, jedes; alle	*Diese Formen auch nach* kein, keine mein, meine; dein, deine; …

		nach definitem Artikel		nach indefinitem Artikel	
Plural:	Nominativ	die	klein**en** Leute	klein**e**	Leute
	Akkusativ	die	klein**en** Leute	klein**e**	Leute
	Dativ	den	klein**en** Leuten	klein**en**	Leuten
	Genitiv	der	klein**en** Leute	klein**er**	Leute

Diese Formen auch nach
diese
alle
keine
meine, deine, seine, …

§ 6 Adjektive mit besonderen Formen

Das Kleid ist	teuer.	–	Das ist ein	teures	Kleid.
Der Wein ist	sauer.	–	Das ist ein	saurer	Wein.
Der Rock ist	dunkel.	–	Das ist ein	dunkler	Rock.
Ihre Stirn ist	hoch.	–	Sie hat eine	hohe	Stirn.

Steigerung des Adjektivs   § 7

	Adjektiv als Ergänzung zum Verb sein		*Artikel + Adjektiv + Nomen*		
	Der Opel ist	schnell.	Der Opel ist	ein schnell es	Auto.
Komparativ	Der Fiat ist	schnell er.	Der Fiat ist	das schnell er e	Auto.
				ein schnell er es	Auto.
Superlativ	Der Renault ist	am schnell st en	Der Renault ist	das schnell st e	Auto.

Vergleiche   § 8

a) Ohne Steigerung

Der Opel ist	so schnell wie	der Ford.	
Der Opel ist	genauso schnell wie	der Ford.	
Der Opel ist	fast so schnell wie	der Ford.	so + *Adjektiv* + wie
Der Opel ist	nicht so schnell wie	der Ford.	
Der Opel ist	nicht so schnell, wie	der Verkäufer gesagt hat.	

b) Mit Steigerung (Komparativ)

Der Fiat ist	schneller als	der Opel.	
Der Fiat ist	etwas schneller als	der Opel.	
Der Renault ist	viel schneller als	der Opel.	*Adjektiv im Komparativ* + als
Der Fiat ist	nicht schneller als	der Renault.	
Der Renault ist	viel schneller, als	der Verkäufer gesagt hat.	

Ordinalzahlen   § 9

der 1. Mai	der	erste	Mai	*Endungen: wie die*
die 2. Stelle	die	zweite	Stelle	*Adjektivendungen,*
das 3. Kind	das	dritte	Kind	*siehe § 5!*
Ulm, den 4. Juni	den	vierten	Juni	
im 5. Lebensjahr	im	fünften	Lebensjahr	
am 6. August	am	sechsten	August	
im 7. Monat	im	siebten	Monat	
...				

der 20. Mai	der	zwanzig ste	Mai
am 21. Juni	am	einundzwanzig sten	Juni
sein 100. Kunde	sein	(ein)hundert ster	Kunde
die 101. Frage	die	(ein)hunderterste	Frage
das 1000. Mitglied	das	(ein)tausend ste	Mitglied

Pronomen

§ 10   Reflexivpronomen

	Akkusativ				*Dativ*		
Ich	ärgere	mich	über die Sendung.	Ich	kaufe	mir	einen Fernseher.
Du	ärgerst	dich		Du	kaufst	dir	
Sie	ärgern	sich		Sie	kaufen	sich	
Er	ärgert	sich		Er	kauft	sich	
Sie	ärgert	sich		Sie	kauft	sich	
Es	ärgert	sich		Es	kauft	sich	
Wir	ärgern	uns		Wir	kaufen	uns	
Ihr	ärgert	euch		Ihr	kauft	euch	
Sie	ärgern	sich		Sie	kaufen	sich	
Sie	ärgern	sich		Sie	kaufen	sich	

⚠ Er ärgert <u>sich</u>.
≠ Er ärgert <u>ihn</u>.

Er kauft <u>sich</u> einen Fernseher.
≠ Er kauft <u>ihm</u> einen Fernseher.

§ 11   Reziprokpronomen

Sie besucht <u>ihn</u>.   Er besucht <u>sie</u>. → Sie besuchen <u>sich</u>.
Sie hilft <u>ihm</u>.   Er hilft <u>ihr</u>. → Sie helfen <u>sich</u>.

Weitere Verben mit Reziprokpronomen:

sich anschauen, sich ansehen, sich kennenlernen, sich lieben, sich treffen, sich wünschen, ...

§ 12   Präpositionalpronomen (Pronominaladverbien)

bei Sachen:
<u>Worüber</u> ärgerst du dich?
Ich ärgere mich <u>über den Film</u>.
Ich ärgere mich <u>darüber</u>.

bei Personen:
<u>Über wen</u> ärgerst du dich?
Ich ärgere mich <u>über den Moderator</u>.
Ich ärgere mich <u>über ihn</u>.

	Fragewort: wo + *Präposition*	*Pronomen* da + *Präposition*		*Präposition* + *Fragewort*	*Präposition* + *Pronomen*
für:	wofür?	dafür		für wen?	für ihn / für sie
mit:	womit?	damit?		mit wem?	mit ihm / mit ihr
...					
auf:	worauf?	darauf?		auf wen?	auf ihn / auf sie
über:	worüber?	darüber		über wen?	über ihn / über sie

Verben mit Präpositionalergänzung: siehe §§ 34 und 35.

Relativpronomen

Nom.	Der Fluss,	der durch den Bodensee fließt,	heißt Rhein.	Der Fluss fließt…
Akk.		den wir einmal gesehen haben,		Den Fluss haben wir…
Dat.		in dem ich geschwommen bin,		In dem Fluss bin ich…
Gen.		dessen Ufer ich so schön finde,		Das Ufer des Flusses…

Relativpronomen

Zum Vergleich:
definiter Artikel

	Maskulinum	Femininum	Neutrum	Plural
	Der Fluss,	Die Insel,	Das Gebirge,	Die Städte,
Nominativ	der …	die …	das …	die …
Akkusativ	den …	die …	das …	die …
Dativ	dem …	der …	dem …	denen …
Genitiv	dessen …	deren …	dessen …	deren …

mit Präposition:

	Der Fluss,	Die Insel,	Das Gebirge,	Die Städte,
Akkusativ	durch den …	durch die …	durch das …	durch die …
Dativ	von dem …	von der …	von dem …	von denen …

Ausdrücke mit „es"

a) es *als Personalpronomen*

Das Klima des Regenwaldes ist heiß und feucht.
Es ist für Pflanzen ideal.
Aber für den Menschen ist es sehr ungesund.

es *ist hier Personalpronomen für* das Klima des Regenwaldes.

b) es *als unpersönliches Pronomen*

in Wetterangaben:

Es regnet.
Es ist heute sehr kalt.
Morgen schneit es vielleicht.

In unpersönlichen Ausdrücken:

Es stimmt, dass …
Es ist gut/schlecht/schade/…, dass …
Es dauert …
Es gibt …
Es geht.

es *ist hier unpersönliches Pronomen und steht* nicht *für ein Nomen.*

Präpositionen

§ 15 Kasus bei Präpositionen

Wechsel-präpositionen		*Präpositionen mit Akkusativ*		*Präpositionen mit Dativ*		*Präpositionen mit Genitiv*	
an	+ *Akk.*	bis	+ *Akk.*	aus	+ *Dativ*	während	+ *Genitiv*
auf	*oder*	durch		außer		wegen	*(in der*
hinter	+ *Dativ*	für		bei			*Umgangs-*
in		gegen		mit			*sprache*
neben		ohne		nach			*auch mit*
über		um		seit			*Dativ)*
unter				von			
vor				zu			
zwischen							

§ 16 Lokale und temporale Bedeutungen von Präpositionen

Lokale Funktionen		*Temporale Funktionen*	
Wo?	an, auf, bei, hinter, in, neben, über, unter, vor, zwischen + *Dativ*	Wann?	gegen, um + *Akkusativ*, in, nach, vor, zwischen + *Dativ*, während + *Genitiv*
	an der Wand, auf dem Dach, beim Regal		gegen Mittag, um 19.30 Uhr, in einer Stunde, nach zwei Tagen, vor sieben Uhr, zwischen zwölf und halb eins, während der Pause
Wohin?	an, auf, gegen, hinter, in, neben, über, unter, vor, zwischen + *Akkusativ*, nach, bis (nach), zu, bis zu + *Dativ*	Wie lange?	über + *Akkusativ*, bis, seit, von … bis (zu) + *Dativ*
	an die Wand, auf das Dach, nach Bern, bis Genf, zum See, bis zur Brücke		über eine Stunde, (noch) bis halb vier, (schon) seit gestern, vom Montag bis zum Mittwoch / von Montag bis Mittwoch
Woher?	aus, von + *Dativ*		
	aus der Schweiz, vom Bodensee		
auf welchem Weg?	durch, über, um (… herum) + *Akk.*		
	durch Bonn, über München, um die Stadt herum		

Zeitausdrücke im Akkusativ ohne Präposition § 1?

	Wann?		**Wie oft?**	**Wie lange?**	
Hier regnet es <u>jeden Tag</u>.	diesen	Monat	jeden Tag	den ganzen	Tag
Das dauert <u>den ganzen Tag</u>.	letzten		alle drei Minuten	einen	
	vorigen				
	nächsten				

Adjektive und Nomen mit Präpositionalergänzungen § 18

dankbar sein	für + *Akkusativ*	enttäuscht sein	über + *Akkusativ*
gut sein		froh sein	
typisch sein		glücklich sein	
eine Demonstration		eine Diskussion	
ein Streik		ein Gespräch	
Zeit		eine Information	
		ein Vertrag	

eine Demonstration	gegen + *Akkusativ*
ein Streik	

Verben mit Präpositionalergänzung: siehe §§ 34 und 35.

§ 19 Präteritum

a) Schwache Verben, Modalverben, unregelmäßige Verben

	sagen	Trennbare Verben abholen	Verbstamm auf -t-/-d- arbeiten	baden
ich	sagte	holte … ab	arbeitete	badete
du	sagtest	holtest … ab	arbeitetest	badetest
Sie	sagten	holten … ab	arbeiteten	badeten
er/sie/es	sagte	holte … ab	arbeitete	badete
wir	sagten	holten … ab	arbeiteten	badeten
ihr	sagtet	holtet … ab	arbeitetet	badetet
Sie	sagten	holten … ab	arbeiteten	badeten
sie	sagten	holten … ab	arbeiteten	badeten

ich	-te
du	-test
Sie	-ten
er/sie/es	-te
wir	-ten
ihr	-tet
Sie	-ten
sie	-ten

Modalverben

	wollen	sollen	können	dürfen	müssen
ich	wollte	sollte	konnte	durfte	musste
du	wolltest	solltest	konntest	durftest	musstest
er/sie/es	wollte	sollte	konnte	durfte	musste
wir	wollten	sollten	konnten	durften	mussten
ihr	wolltet	solltet	konntet	durftet	musstet
sie/Sie	wollten	sollten	konnten	durften	mussten

Unregelmäßige Verben

	kennen	denken	bringen	wissen	werden	mögen	haben
ich	kannte	dachte	brachte	wusste	wurde	mochte	hatte
du	kanntest	dachtest	brachtest	wusstest	wurdest	mochtest	hattest
er/sie/es	kannte	dachte	brachte	wusste	wurde	mochte	hatte
wir	kannten	dachten	brachten	wussten	wurden	mochten	hatten
ihr	kanntet	dachtet	brachtet	wusstet	wurdet	mochtet	hattet
sie/Sie	kannten	dachten	brachten	wussten	wurden	mochten	hatten

auch
nennen

b) Starke Verben

	kommen	sein	Trennbare Verben anfangen	Verbstamm auf -t- / -d- tun	stehen
ich	kam	war	fing ... an	tat	stand
du	kamst	warst	fingst ... an	tatest	standest
Sie	kamen	waren	fingen ... an	taten	standen
er/sie/es	kam	war	fing ... an	tat	stand
wir	kamen	waren	fingen ... an	taten	standen
ihr	kamt	wart	fingt ... an	tatet	standet
Sie	kamen	waren	fingen ... an	taten	standen
sie	kamen	waren	fingen ... an	taten	standen

ich	-
du	-st
Sie	-en
er/sie/es	-
wir	-en
ihr	-t
Sie	-en
sie	-en

Unregelmäßige und starke Verben:

Die Form für das Präteritum finden Sie in der alphabetischen Wortliste auf den Seiten 150 bis 160 vor der Perfektform des Verbs:
kommen *(Dir)* kam, ist gekommen

Konjunktiv II § 20

Möglichkeit, Wunsch

Zum Vergleich:
Präsens: Realität

Er	würde	nach Hause	kommen.	Er kommt nach Hause.
Er	würde	gern Theater	spielen.	Er spielt gern Theater.
Er	würde	sie	abholen.	Er holt sie ab.
Sie	wäre	glücklich.		Sie ist glücklich.
Sie	hätte	keine Probleme.		Sie hat keine Probleme.
Sie	könnte	ihn	einladen.	Sie kann ihn einladen.

	sein	haben	können	dürfen	müssen	sollen	wollen
ich	wäre	hätte	könnte	dürfte	müsste	sollte	wollte
du	wärst	hättest	könntest	dürftest	müsstest	solltest	wolltest
er/sie/es	wäre	hätte	könnte	dürfte	müsste	sollte	wollte
wir	wären	hätten	könnten	dürften	müssten	sollten	wollten
ihr	wärt	hättet	könntet	dürftet	müsstet	solltet	wolltet
sie/Sie	wären	hätten	könnten	dürften	müssten	sollten	wollten

⚠ *Vgl. Präteritum:*

ich	war	hatte	konnte	durfte	musste	sollte	wollte

Andere Verben: würde + *Infinitiv*

	sagen	kommen	abholen
ich	würde ... sagen	würde ... kommen	würde ... abholen
du	würdest ... sagen	würdest ... kommen	würdest ... abholen
er/sie/es	würde ... sagen	würde ... kommen	würde ... abholen
wir	würden ... sagen	würden ... kommen	würden ... abholen
ihr	würdet ... sagen	würdet ... kommen	würdet ... abholen
sie/Sie	würden ... sagen	würden ... kommen	würden ... abholen

§ 21 Passiv

Passiv:	werden	+	*Partizip II*
Der Motor	wird		geprüft.
Das Blech	wird	von Robotern	geschnitten.

↑
Subjekt

Zum Vergleich: Aktiv

Man	prüft	den Motor.
Roboter	schneiden	das Blech.

↑ ↑
Subjekt   *Akkusativergänzung*

	Präsens		Präteritum	
ich	werde	geholt	wurde	geholt
du	wirst	geholt	wurdest	geholt
er/sie/es	wird	geholt	wurde	geholt
wir	werden	geholt	wurden	geholt
ihr	werdet	geholt	wurdet	geholt
sie/Sie	werden	geholt	wurden	geholt

werden ≠ werden: Peter wird Lehrer. *(is becoming)*   werden + *Nomen*
Der Motor wird lauter.   werden + *Adjektiv*
Sabine würde kommen, wenn ...   würde + *Infinitiv* = Konjunktiv II
Der Motor wird geprüft.   werden + *Partizip II* = Passiv

Satzstrukturen

Struktur des Nebensatzes   § 22

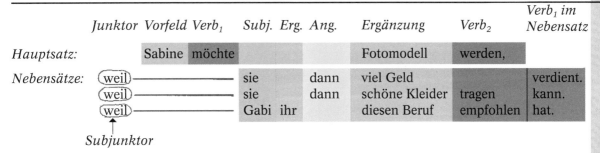

	Junktor	Vorfeld	Verb₁	Subj.	Erg.	Ang.	Ergänzung	Verb₂	Verb₁ im Nebensatz
Hauptsatz:		Sabine	möchte				Fotomodell	werden,	
Nebensätze:	(weil)			sie		dann	viel Geld		verdient.
	(weil)			sie		dann	schöne Kleider	tragen	kann.
	(weil)			Gabi	ihr		diesen Beruf	empfohlen	hat.

Subjunktor

Nebensatz im Vorfeld   § 23

	Junktor	Vorfeld	Verb₁	Subj.	Erg.	Ang.	Ergänzung	Verb₂	Verb₁ im Nebensatz
Hauptsatz:		Sabine	will				viel Geld	verdienen.	
Nebensatz:	(Weil)			sie			viel Geld	verdienen	will,
Hauptsatz:			möchte	sie			Fotomodell	werden.	
Nebensatz:	(Obwohl)			sie			viel Geld		verdient,
Hauptsatz:			ist	sie			unzufrieden.		

Subjunktoren   § 24

als	Der Wagen ist schneller, <u>als</u> der Verkäufer gesagt hat.
bevor	<u>Bevor</u> Herr Bauer Rentner wurde, hatte seine Frau ein Auto.
bis	Peter muss noch ein Jahr warten, <u>bis</u> er sein Abitur hat.
damit	Herr Neudel wandert aus, <u>damit</u> die Familie besser leben kann.
dass	Ich weiß, <u>dass</u> dein Mann Helmut heißt.
ob	Er fragt, <u>ob</u> er eine Arbeitserlaubnis braucht.
obwohl	Sie ist zufrieden, <u>obwohl</u> sie nicht viel Geld verdient.
seit	<u>Seit</u> seine Frau tot ist, lebt er ganz allein.
während	<u>Während</u> es in der DDR wirtschaftliche Probleme gab, entwickelte die BRD sich schnell.
weil	Gabi möchte Sportlerin werden, <u>weil</u> sie die Schnellste in der Klasse ist.
wenn	<u>Wenn</u> du mit mir gehen würdest, dann wärst du nicht mehr allein.
wie	Das Auto ist nicht so schnell, <u>wie</u> der Verkäufer gesagt hat.

§ 25 Nebensatz mit „dass"

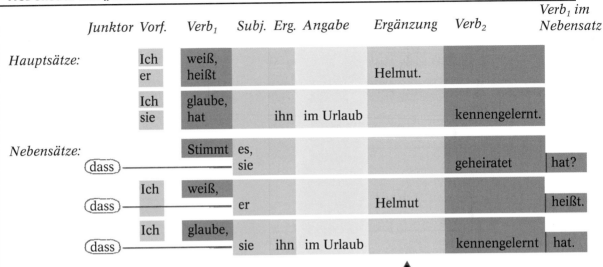

	Junktor	Vorf.	Verb₁	Subj.	Erg.	Angabe	Ergänzung	Verb₂	Verb₁ im Nebensatz
Hauptsätze:		Ich	weiß,						
		er	heißt				Helmut.		
		Ich	glaube,						
		sie	hat		ihn	im Urlaub		kennengelernt.	
Nebensätze:			Stimmt	es,					
	dass			sie				geheiratet	hat?
		Ich	weiß,						
	dass			er			Helmut		heißt.
		Ich	glaube,						
	dass			sie	ihn	im Urlaub		kennengelernt	hat.

Verben vor einem dass*-Satz oder einem Hauptsatz:*

sagen, gehört haben, meinen, hoffen, finden, wissen,
der Meinung sein, glauben, überzeugt sein,

⚠ *Nur vor einem* dass*-Satz:*

dafür sein,
dagegen sein

§ 26 Indirekter Fragesatz

a) *Indirekte Wortfrage (mit Fragewort)*

	Vorfeld	Verb₁	Subj.	Angabe	Ergänzung	Verb₂	Verb₁ im Nebensatz
Direkte Wortfrage:	Wie viel	verdient	man	in Peru?			
Indirekte Wortfrage:	Ich	möchte		gern		wissen,	
	wie viel		man	in Peru			verdient.
Direkte Wortfrage:	Wie	kann	man	dort	eine Stelle	finden?	
Indirekte Wortfrage:	Ich	weiß		nicht,			
	wie		man	dort	eine Stelle	finden	kann.

b) *Indirekte Satzfrage (mit Subjunktor* ob)

	Junkt.	Vorfeld	Verb₁	Subj.	Angabe	Ergänzung	Verb₂	Verb₁ im Nebensatz
Direkte Satzfrage:			Muss	man	vorher	einen Kurs	machen?	
Indirekte Satzfrage:		Ich	möchte		gern		wissen,	
	ob			man	vorher	einen Kurs	machen	muss.
Direkte Satzfrage:			Braucht	man		einen Pass?		
Indirekte Satzfrage:		Ich	weiß		nicht,			
	ob			man		einen Pass		braucht.

c) *Verben vor indirekten Fragesätzen*

überlegen	wissen wollen	wer, was, wen, wem,…
vergessen haben	fragen	wann, wo, wie, wie lange…
nicht wissen		ob

⚠ <u>Ist sie blond?</u> Ich weiß es nicht mehr. → Ich habe vergessen, <u>ob</u> sie blond ist.
<u>Sie ist blond.</u> Ich weiß es noch genau. → Ich habe nicht vergessen, <u>dass</u> sie blond ist.

Konjunktoren   § 27

Junktor	Vorfeld	Verb₁	Subj.	Erg.	Angabe	Ergänzung	Verb₂
denn	Vera	ist				Psychologin	geworden,
	das	ist				ein schöner Beruf.	
und	Vera	hat				wenig Geld	
	deshalb	wohnt	sie		noch	bei ihren Eltern.	
aber	Vera	sucht			schon zwei Monate,		
	sie	hat				noch keine Stelle	gefunden.

aber	Ich habe zwanzig Bewerbungen geschrieben, <u>aber</u> immer war die Antwort negativ.
denn	Eine Wohnung ist ihr zu teuer, <u>denn</u> vom Arbeitsamt bekommt sie kein Geld.
oder	Manfred kann noch ein Jahr zur Schule gehen, <u>oder</u> er kann eine Lehre machen.
sondern	Manfred studiert nicht, <u>sondern</u> er macht eine Lehre.
und	Man sucht vor allem Leute mit Berufserfahrung, <u>und</u> die habe ich noch nicht.

⚠ *Konjunktoren stehen zwischen zwei Hauptsätzen.*

§ 28   Übersicht: Verbindung von zwei Sätzen

a) Durch Subjunktoren: Hauptsatz und Nebensatz

Junktor	Vorfeld	Verb₁	Subj.	Angabe	Ergänzung	Verb₂	Verb₁ im Nebensatz
	Vom Arbeitsamt	bekommt	sie		kein Geld,		
weil			sie	noch nie	eine Stelle		hatte.
Obwohl			sie	schon	27 Jahre alt		ist,
		wohnt	sie	immer noch	bei ihren Eltern.		

 Subjunktoren: siehe § 24. Subjunktoren stehen vor einem Nebensatz.

b) Durch Konjunktoren: zwei Hauptsätze

Junktor	Vorfeld	Verb₁	Subj.	Angabe	Ergänzung	Verb₂
	Die Arbeit dort	ist			ganz interessant,	
aber	mein Traumjob	ist	das	nicht.		
	Vera	würde		gern	eine Wohnung	suchen,
denn	sie	ist		schon	27 Jahre alt.	

 Konjunktoren: siehe § 27. Konjunktoren stehen zwischen zwei Hauptsätzen.

c) Durch Angabewörter: zwei Hauptsätze

Junktor	Vorfeld	Verb₁	Subj.	Angabe	Ergänzung	Verb₂
	Man	muss			besser	sein,
dann		findet	man	schon	eine Stelle.	
	Vom Arbeitsamt	bekommt	sie		kein Geld,	
deshalb		wohnt	sie	noch	bei ihren Eltern.	

 Angabewörter z. B.: also, daher, dann, deshalb, trotzdem, …

Wenn Angabewörter zwei Sätze verbinden sollen, stehen sie im Vorfeld des zweiten Satzes.

Relativsatz § 29

	Vorfeld	Verb₁	Subjekt	Angabe	Ergänzung	Verb₂	Verb₁ im Nebensatz
Hauptsätze:	Es	gibt			einen Fluss.		
	Der	fließt			durch einen See.		
	Den	hat	fast jeder	schon		gesehen.	
	An dem	liegt	Köln.				
Relativsätze:	Wie	heißt	der Fluss,				
	der				durch den See		fließt?
	den		fast jeder	schon		gesehen	hat?
	an dem		Köln				liegt?

⚠ *Der Relativsatz ist ein Nebensatz.*

Infinitivsatz mit „zu" § 30

ignore this stuff

	Vorfeld	Verb₁	Subj.	Erg.	Angabe	Ergänzung	Verb₂
Hauptsätze:	Sie	möchte		sich	nicht	über ihren Mann	ärgern.
	Sie	sollte			weniger		rauchen.
	Sie	möchte					abnehmen.
Infinitivsätze mit zu:	Sie	versucht,					
				sich	nicht	über ihren Mann	zu ärgern.
	Sie	hat				keine Lust,	
					weniger		zu rauchen.
	Sie	hat				keine Zeit	
							abzunehmen.

Verben und Ausdrücke vor Infinitiv mit zu:

to attempt to do

versuchen	(etwas) zu tun
vergessen	*forget*
helfen	*help*
Lust haben	*to feel like something*
Zeit haben	*to have time to do something*
...	

⚠ *Verben mit trennbarem Verbzusatz:*

Infinitiv:	Partizip Perfekt:	Infinitiv mit zu:
abnehmen	abgenommen	abzunehmen
einladen	eingeladen	einzuladen
...	...	...

§ 31 Infinitivsatz mit „um … zu …"

	Junkt.	Vorfeld	Verb₁	Subjekt	Erg.	Ang.	Ergänzung	Verb₂	Verb₁ im Nebensatz
Hauptsätze:		Simone	wollte		sich	in L.	eine Stelle	suchen.	
		Sie	wollte			dort	ihr Glück	versuchen.	
Infinitivsätze mit um … zu:		Simone	fuhr			nach L.,			
	um				sich	dort	eine Stelle	zu suchen.	
	um					dort	ihr Glück	zu versuchen.	
Zum Vergleich: Infinitivsatz:		Neudels	wollen					auswandern,	
	um					freier		zu leben.	
Nebensatz:	damit			Herr N.			mehr Geld		verdient.

Jemand tut etwas,	um … zu…	(sie oder er selbst)	→	gleiches Subjekt:	um … zu …
	damit …	(jemand anderes)	→	verschiedene Subjekte:	damit …

§ 32 „Zum" + Infinitiv

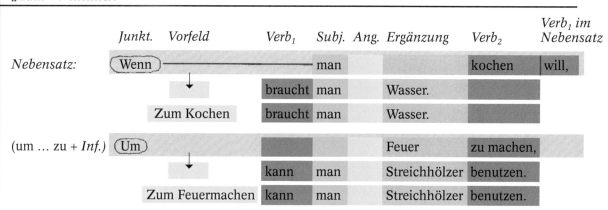

	Junkt.	Vorfeld	Verb₁	Subj.	Ang.	Ergänzung	Verb₂	Verb₁ im Nebensatz
Nebensatz:	Wenn			man			kochen	will,
		↓	braucht	man		Wasser.		
		Zum Kochen	braucht	man		Wasser.		
(um … zu + Inf.)	Um					Feuer	zu machen,	
		↓	kann	man		Streichhölzer	benutzen.	
		Zum Feuermachen	kann	man		Streichhölzer	benutzen.	

Unbetonte Dativergänzung und Akkusativergänzung: Reihenfolge im Satz §33

Vorfeld	Verb₁	Subj.	Ergänzung			Ang.	Ergänzung	Verb₂
Ich	brauche					morgen	das Werkzeug.	
	Kannst	du		mir	das Werkzeug	morgen		bringen?
	Kannst	du		mir	das	morgen		bringen?
	Kannst	du	es	mir		morgen		bringen?
	Kannst	du		deinem Vater	das Werkzeug	morgen		bringen?
Ich	bringe			dir	das Werkzeug	morgen.		
Ich	bringe		es	dir		morgen.		
Morgen	bringe	ich		dir	das.			

Akkusativ: Personalpronomen	Dativ: Nomen oder Pronomen	Akkusativ: Nomen oder Definitpronomen
1	2	3

Verben und Ergänzungen

Verben mit Präpositionalergänzung + Akkusativ §34

| An wen? Woran? | denken (sich) gewöhnen glauben | An wen denkt sie? Woran gewöhnt er sich? Woran glaubt sie? |

| Auf wen? Worauf? | aufpassen sich freuen | Auf wen passt sie auf? Worauf freut er sich? |

Weitere Verben mit auf + Akk.:   hoffen, sich verlassen, sich vorbereiten, warten

| Für wen? Wofür? | sich entschuldigen sich interessieren | Wofür hat er sich entschuldigt? Für wen interessiert sie sich? |

| Was? Wen? | Für wen? Wofür? | ausgeben brauchen | Für wen gibt er was aus? Wofür braucht sie was? |

| Wem? | Wofür? | danken | Wem dankt er wofür? |

Weitere Verben mit für + Akk.:   demonstrieren, gelten, sein, sorgen, sparen, streiken

Gegen wen? Wogegen?	demonstrieren sein streiken	Wogegen demonstriert er? Für wen ist das? Wogegen streikt sie?

Über wen? Worüber?	sich freuen nachdenken sprechen	Worüber freut er sich? Worüber denkt sie nach? Über wen sprechen sie?

Weitere Verben mit über + *Akk.:* sich ärgern, sich aufregen, sich beschweren, diskutieren, sich informieren, klagen, lachen, schimpfen, sich unterhalten, weinen

Um wen? Worum?	bitten sich kümmern (gehen:) es geht	Worum hat er gebeten? Um wen will sie sich kümmern? Worum geht es?

---

§ 35   Verben mit Präpositionalergänzung + Dativ

	Bei wem?	sich entschuldigen	Bei wem entschuldigt sie sich?
Wem?	Wobei?	helfen	Wem hat sie wobei geholfen?
	Mit wem? Womit?	anfangen sprechen	Womit fängt er an? Mit wem hat er gesprochen?
Wen? Was?	Mit wem? Womit?	vergleichen	Wen vergleicht sie mit wem? Was vergleicht er womit?

Weitere Verben mit mit + *Dativ:* aufhören, beginnen, spielen, telefonieren, sich unterhalten

Nach wem? Wonach?	fragen suchen	Nach wem hat sie gefragt? Wonach sucht er?

Von wem? Wovon?	erzählen sprechen	Wovon erzählt sie? Von wem spricht er?

Wen?	Vor wem? Wovor?	warnen	Wovor hat sie wen gewarnt?
	Zu wem? Wozu?	gehören	Zu wem gehört er? Wozu gehört das?

ALPHABETISCHE WORTLISTE

Hier finden Sie alle Wörter, die in diesem Buch vorkommen, mit Angabe der Seiten. (Den „Lernwortschatz" finden Sie im Arbeitsbuch jeweils auf der ersten Seite der Lektionen.) Einige zusammengesetzte Wörter (Komposita) stehen nur als Teilwörter in der Liste.

Bei Nomen stehen der Artikel und die Pluralform; Nomen ohne Angabe der Pluralform benutzt man nicht im Plural. Die Artikel sind abgekürzt: r = der, e = die, s = das.

Bei Verben stehen Hinweise zu den Ergänzungen und abweichende Konjugationsformen für „er"/„sie"/„es" und das Perfekt.

Abkürzungen:

jmd = jemand
etw = etwas
N = Nominativ
A = Akkusativ
D = Dativ

Adj = Adjektiv/Adverb als Ergänzung im Nominativ
Sit = Situativergänzung
Dir = Direktivergänzung
Verb = Verbativergänzung

A

r Abendfrieden 112
e Abendschule, -n 32
s Abenteuer, - 36, 91
r Abfall, ¨e 81, 82
e/r Abgeordnete (ein Abgeordneter), -n 101, 102, 103
abhängig 104
s Abitur 26, 27, 28, 32, 54, 70
ab·melden *sich*$_A$/*jmd*$_A$ (*von etw*$_D$) 54
ab·nehmen nimmt ab, nahm ab, hat abgenommen 60
s Abonnement, -s 66
e Abrechnung, -en 57
ab·schließen *etw*$_A$ schloss ab, hat abgeschlossen 86
r Abschluss, ¨e 26, 27, 63
e Abschlussprüfung, -en 32
s Abschlusszeugnis, -se 28
r Abschnitt, -e 27
ab·sehen von *etw*$_D$ sieht ab, sah ab, hat abgesehen 84
e Abteilung, -en 53
e Abteilungsleiterin, -nen 91, 92
r Abzug, ¨e 57
ach 15, 34, 42, 46
s Aerobic 36
aggressiv 61
e Ähnlichkeit, -en 93
r Akademiker, - 28, 29, 30
aktiv 52, 60, 111
aktuell 36, 100
akzeptieren *etw*$_A$ 116

all- 39, 44
e Allee, -n 123
alleine 66
allerdings 101, 105
e Allergie, -n 24, 25, 84
allgemein 32
e/r Alliierte (ein Alliierter), -n 104
allmählich 75
r Alltag 43
r Alltagstrott 43
e Alpen (Plural) 75, 78, 79, 87
als 9, 23, 24, 30, 70
e/r Alte (ein Alter), -n 113
s Altenheim, -e 112
e Altensiedlung, -en 111
s Alter 16, 55, 112
älter- 43
e Alternative, -n 101, 111
e Altersgruppe, -n 113
s Altersheim, -e 68, 110, 119
e Altpapiertonne, -n 82
e Alufolie, -n 89
amerikanisch 38, 90
s Amt, ¨er 44, 54, 86
e Anatomie 36, 38
an·bieten *jmd*$_D$ *etw*$_A$ bot an, hat angeboten 29
ändern *etw*$_A$ 19
e Änderung, -en 95, 101
r Anfang, ¨e 63
am Anfang 118
anfangs 104, 127
e Angabe, -n 112
an·geben *etw*$_A$ gibt an, gab an, hat angegeben 33
s Angebot, -e 33

e/r Angehörige (ein Angehöriger), -n 111
angenehm 16, 31, 84
e/r Angestellte (ein Angestellter), -n 17, 54, 63, 91, 99
an·gucken *etw*$_A$/*jmd*$_A$ 93
an·halten um *jmd*$_D$ hält an, hielt an, hat angehalten 127
an·hören *sich*$_D$ *etw*$_A$ 44
in Anlehnung 84
an·melden *sich*$_A$/*jmd*$_A$ (*Sit*) 54
an·nehmen *etw*$_A$ nimmt an, nahm an, hat angenommen 101
r Anrufer, - 40
an·schaffen *etw*$_A$ 63
e Anschaffung, -en 63
r Anschluss, ¨e 112
r Anspruch, ¨e 124
anstrengend 24, 25, 54, 114
e Antarktis 89
r Anzug, ¨e 14, 15, 86, 87
r Apfelstrudel, - 126
r Arbeiter, - 52
e Arbeiterin, -nen 127
r Arbeitgeber, - 17, 18
r Arbeitnehmer, - 54, 98
r Arbeitnehmeranteil, -e 57
s Arbeitsamt, ¨er 17, 18, 19, 29, 30
e Arbeitserlaubnis 90
e Arbeitskraft, ¨e 81, 113, 127
arbeitslos 17, 29, 30, 34
e/r Arbeitslose (ein Arbeitsloser), -n 17, 39

s Arbeitslosengeld 17
r Arbeitsmarkt 33
e Arbeitsstelle, -n 90, 95
e Arbeitswelt 93
ärgerlich 66
ärgern *sich*$_A$ über *etw*$_A$/*jmd*$_A$ 17, 39, 43, 61, 66, 71
s Argument, -e 19
e Armee, -n 104
e Armut 125, 128
e Art, -en 91
r Asphalt 43
e Asphaltkarriere 43
e Asphaltkunst 43
r Assistent, -en 114
r Astronaut, -en 23
s Asyl 95
atmen 126
e Atmosphäre 31, 112
attraktiv 8, 11, 94
auf·bleiben blieb auf, ist aufgeblieben 65
r Aufenthalt, -e 112
auf·fallen *jmd*$_D$ fällt auf, fiel auf, ist aufgefallen 93
e Aufgabe, -n 32, 82, 102
s Aufgabenfeld, -er 27
auf·geben eine Anzeige gibt auf, gab auf, hat aufgegeben 119
auf·gehen ging auf, ist aufgegangen 123
auf·regen *sich*$_A$ über *etw*$_A$ 39, 43, 44, 65, 71, 114
auf·schreiben *etw*$_A$ schrieb auf, hat aufgeschrieben 128
r Auftrag, ¨e 51

fordern *etw*$_A$ (*von jmd*$_D$) 101
formen *etw*$_A$ 53
e Forschung, -en 33
fortgehen *(Dir)* ging fort, ist fortgegangen 120
e Fortsetzung, -en 38
r Fotoapparat, -e 89
s Fotomodell, -e 9, 22, 23
s Fragespiel, -e 71
Frankreich 40
Freizeitmöglichkeiten (Plural) 112
r Fremdenverkehr 78, 79
e Fremdsprache, -n 91
fressen *etw*$_A$ frisst, fraß, hat gefressen 126
e Freude, -n 41, 128
freundlich 8, 11, 32
e Freundschaft, -en 91
r Friede oder Frieden 100, 104
friedlich 84
r Friseursalon, -s 24
e Frisur, -en 13, 17, 18, 19
fröhlich 125
früher- 17
s Frühjahr 87
r Frühling 73, 78, 122
e Frühschicht 55
fühlen *sich*$_A$ *Adv* 69, 110, 114, 118
führen *Gespräche* 105
führen *Prozess* 17
führen *zu etw*$_D$ 101
füllen *etw*$_A$ *mit etw*$_D$ 81
funkeln 41
furchtbar 124
e Fußgängerzone, -n 43, 44, 45
Futter 127

G

r Gangster, - 36
r Ganove, -n 36
gar 24, 44, 45, 46, 83
r Gartenteich, -e 124
s Gas, -e 54, 58, 86
Gas geben 58
r Gasofen, ⁻ 89
s Gaspedal, -e 58
e Gastfreundschaft 95
geb. = geborene … 32, 64
s Gebirge, - 78, 79
s Gedächtnis 9
r Gedanke, -n 108
s Gedicht, -e 122
e Geduld 54
geehrt- 32, 44
e Gefahr, -en 38, 81, 100

s Gefühl, -e 93
s Gegenteil 120
s Gehalt, ⁻er 31, 55, 57, 101
r Geheimagent, -en 36
geizig 92
gelb 11, 13, 14, 17
gelten *für jmd*$_A$/*etw*$_A$ gilt, galt, hat gegolten 90, 94
e Gemeinde, -n 82, 127
e Gemeinschaft, -en 112
genauso 45, 63, 70, 95
e Generation, -en 68
genießen *etw*$_A$ genoss, hat genossen 63
s Gepäck 86
e Gepäckversicherung, -en 86
s Gerät, -e 57
geraten *in Gefahr* gerät, geriet, ist geraten 38
s Gericht, -e 36, 38, 126
e Germanistik 29, 94
gesamtdeutsch 105
e Gesamtschule, -n 26, 27, 28
s Geschäft, -e 54
Geschäfts- 31, 44, 87, 91
e Geschäftsführerin, -nen 91
r Geschäftsverkehr 45
geschehen geschieht, geschah, ist geschehen 36, 38
s Geschlecht, -er 113
e Geschwindigkeit, -en 48
e Gesellschaft, -en 106, 113
gesellschaftswissenschaftlich 27
s Gesetz, -e 68, 91, 95, 99
s Gesicht, -er 10, 11, 13, 126
gesondert 82
gestehen *(jmd*$_D$) *etw*$_A$ gestand, hat gestanden 123
getrennt 81
s Getto, -s 124
s Gewicht, -e 48
r Gewinn, -e 121
e Gewinnshow, -s 36
gewiss 20, 41, 84
s Gewitter, - 75, 76
gewöhnen *sich*$_A$ *an jmd*$_A$/*etw*$_A$ 84, 93
gewöhnlich 43, 69, 70, 71, 115
gewöhnt 127
es gibt 27, 33, 36, 37, 40, 66

s Gift, -e 81, 82
r Giftstoff, -e 81
r Gipfel, - 41
e Gitarre, -n 86
s Glas 81, 82, 122
r Glaube 116
gleich- 27
gleich sein *jmd*$_D$ 18
gleichzeitig 75
r Glückwunsch, ⁻e 39
e Glühbirne, -n 54
golden 41, 109, 116
e Goldmedaille, -n 22
r Golf 75
s Grab, ⁻er 109
s Grad, -e 74
s Gras 127
grausam 124
r Grenzübergang, ⁻e 106
Griechisch 27
Großeltern (Plural) 67, 110, 111
größer 48
e Großmutter, ⁻er 59, 71, 115, 119
r Großvater, ⁻ 59, 71, 115
gründen *etw*$_A$ 103, 119
s Grundgesetz 104
r Grundkurs, -e 27
r Grundlagenvertrag 105
e Grundschule, -n 26, 27, 32
s Grundstück, -e 82
s Grundwasser 81
im Grünen 118
e Gruppe, -en 124
e Gruppenarbeit 37, 112
gut bezahlt 91
gutbürgerlich 68
r Güterzug, ⁻e 81
guttun *jmd*$_D$ tat gut, hat gut getan 84
s Gymnasium, Gymnasien 26, 32, 70

H

s Haar, -e 13, 15, 17
s Haarspray, -s 24
Halbjahresleistungen (Plural) 27
hallo 36
e Handbremse, -n 51
r Handel 78, 113
s Handtuch, ⁻er 86
r Handwerker, - 114
r Hang, ⁻e 126
hängen *etw*$_A$ *(Dir)* 62
e Harfe, -n 123
hassen *jmd*$_A$ 61
r Hauptsatz, ⁻e 28, 64

e Hauptschule, -n 26, 27, 54
r Hausbote, -n 34
e Hausfrau, -en 125
e Haushaltsführung 57
e Haushaltskasse, -n 57
e Haustür, -en 126
e Hauswirtschaft 27
e Haut 125
heben *sich*$_A$ hob, hat gehoben 126
e Heimat 91, 95
heim·kommen 126
r Heiratsurlaub 116
s oder r Hektar, - 126
hektisch 93
helllicht- 36, 38
s Hemd, -en 7, 14, 15, 86
heraus·kommen kam heraus, ist herausgekommen 126
r Herbst 73, 75, 78
e Herbstmilch 125, 128
herrichten 127
herrschen 106
heuen 127
e Hexe, -n 24, 70
hiermit 32
r Himmel 41
hinten 51
hinüber·fahren fährt h., fuhr h., ist hinübergefahren 106
e Hitliste, -n 39
s Hoch 75
s Hochdruckgebiet, -e 75
r Hochschulabsolvent, -en 29
e Hochschule, -n 26
e Hochzeit, -en 14, 36, 59, 64, 116, 121, 125
r Hof, ⁻e 114, 127
hoffen *etw*$_A$ 63, 95, 101
höflich 61
hPa = Hektopascal 75
r HSV 98
hübsch 7, 8, 12
r Humor 61
r Humpelbock 120
r Hunger 124, 126
r Hut, ⁻e 7, 41, 43

I

ideal 75, 112, 116
r Igel, - 41
imaginär 43
imitieren *jmd*$_A$/*etw*$_A$ 36
impfen *jmd*$_A$ 85, 86, 87
r Import, -e 32
inkl. 48

ALPHABETISCHE WORTLISTE

e Industrie- und Handelskammer, -n 32
industriell 81
Inh. = r Inhaber, - 44
s Inland 31
e Innenpolitik 98
insgesamt 57, 84
s Institut, -e 32, 33
intelligent 8, 11, 12, 61, 70
intensiv 56
interessieren sich_A für jmd_A/etw_A 20, 43, 39, 51, 71
interviewen jmd_A 83, 99
inzwischen 34, 119
r Irokese, -n 17

J

e Jacke, -n 13
e Jahrgangsstufe, -n 27
-jährig 43, 113
jawohl 72
r Jazz 42
je 33
jedenfalls 72
jedoch 105
jetzig- 32
r Job, -s 17, 55, 90, 91
r/s Joghurt 83
s Journal, -e 36, 90
r Jude, -en 124
e Jugend 39, 69, 70, 71, 125
e Jugendherberge, -n 91
jung 8, 12, 17, 24, 38, 44, 63, 111
r Jurist, -en 117

K

s Kabinett, -e 101
r Kalte Krieg 105
e Kaltfront, -en 75
e Kammer, -n 127
kämpfen 29
s Kanapee, -s 126
e Kantine, -n 31
kapitalistisch 105
kaputt fahren etw_A fährt k., fuhr k., hat kaputt gefahren 40
e Karosserie, -n 52, 53
e Karriere, -n 12, 31, 33, 63, 91, 93
e Karte, -n 79
e Kasse, -n 54, 98
r Kasten, ˝ 40
e Katastrophe, -n 100
e Kategorie, -n 39

katholisch 57
r Käufer, - 52
s Kaufhaus, ˝er 45, 55
kaum 44, 93, 126
r Kavalierstart 58
e Kellnerin, -nen 92
e Kfz-Meisterin, -nen 54
e KG = Kommanditge- sellschaft, -en 31
Kinderchen (Plural) 34
s Kindermädchen, - 68
r Kindesmord, -e 38
e Kindheit 68, 70, 125, 128
e Kirchensteuer, -n 57
kirchlich 127
klagen über jmd_A/etw_A 84, 93
e Klasse, -n 22, 57
r Klassenleiter, - 27
e Klassik 42
r Klassiker, - 38
r Klatsch 100
s Kleidungsstück, -e 14
klemmen 50
klug 12
e Knospe, -n 123
e Koalition, -en 101
r Kofferraum, ˝e 47, 48
e Kohletablette, -n 86
r Kollege, -n 12, 17, 31, 43, 61, 93, 101, 128
e Kollegstufe 27
r Kommentar, -e 95
kommentieren etw_A 101
s Kommunalparlament, -e 101
kommunistisch 105
e Komödie, -n 36, 39
r Kompass, -e 89
kompliziert 53, 124
r Kompost 82, 83
kompostieren 82
e Kompostierung 81
r Kompromiss, -e 40
e Konferenz, -en 100
e Königin, -nen 101
königlich 101
r Konjunktiv 40, 41
r Konkurrent, -en 48
e Konkurrenz 54
r Konkurrenzkampf, ˝e 29, 30
e Konsequenz, -en 113
konservativ 13, 103
konsumieren etw_A 80
r Kontakt, -e 31, 91, 92, 105, 112
e Kontaktlinse, -n 13
Kontonr. = e Konto- nummer, -n 57
s Konzept, -e 82

r Konzertsaal, -säle 45
korrekt 93
Kosten (Plural) 48, 112, 113
r Kraftfahrer, - 54
e Kraftfahrerin, -nen 54
s Kraftfahrzeug, -e 54
r Krämer, - 66
r Kranz, ˝e 119
e Krawatte, -n 14
r Kredit, -e 54, 57
r Krieg, -e 69
r Krimi, -s 35, 39
r Kriminalfilm, -e 36, 37, 38
r Kriminalroman, -e 124
kritisch 70
kritisieren jmd_A/etw_A 16, 18, 19, 61, 62, 71, 92, 101
krumm 20
e Kultur 36, 37
kümmern sich_A um jmd_A/etw_A 67, 70, 94
e Kunst, ˝e 39, 121
e Kunsterziehung 27
künstlerisch 27
r Kunststoff, -e 81, 82
r Kursteilnehmer, - 64
kürzen etw_A 101, 118
e Kurzschrift, -en 27
r Kuss, ˝e 120
küssen jmd_A 41, 59

L

r Lack, -e 81
lackieren etw_A 52
r Laden, ˝ 44, 99
e Ladenpassage, -n 43
e Ladentür, -en 44
e Lage 112
Landes- 102
r Landkreis, -e 126
s Landleben 125
e Landschaft, -en 36, 74, 78, 79
Landsleute (Plural) 94
r Landstreicher, - 38
r Landtag, -e 101, 102
Landtagswahlen (Plural) 101
r Landwirt, -e 24, 25
e Länge, -n 48, 81
langhaarig 8
langjährig- 55
längst- 48, 84
langweilen sich_A/jmd_A 69
langweilig 8, 12, 39, 60, 94, 107

r Lastwagen, - 52, 98
r Lastwagenverkehr 84
s Latein 27
e Laune, -n 61, 66
r Lautsprecher, - 44
lauwarm 72
lebend- 95
r Lebensabend, -e 112
r Lebensbericht, -e 128
Lebenserinnerungen (Plural) 125, 128
Lebensfragen (Plural) 40
e Lebensgefahr, -en 38
e Lebensgeschichte, -n 128
r Lebenslauf, ˝e 32
e Lebensversicherung, -en 57
legal 107
e Lehre, -n 21, 26, 27, 28, 30
lehren jmd_A etw_A 54
e Lehrstelle, -n 30, 92
e Leiche, -n 38
leid sein etw_A 34
leiden können jmd_A Adv 61
e Leihgroßmutter, ˝ 119
leisten etw_A 55
e Leistung, -en 18, 19, 27, 48
r Leistungskurs, -e 27
e Leser-Umfrage, -n 24
r Leserbrief, -e 39
e Leserin, -nen 13
letzte Woche 114
liberal 103, 104, 105
e Liebe 16, 36, 64, 117, 120
r Liebesbrief, -e 116
e Liebeserklärung, -en 117
e Liebesgeschichte, -n 118
s Liebespaar, -e 16
liebst- 38
am liebsten 76, 92
s Lied, -er 40, 41, 42, 44, 123
r Liedtext, -e 41
liegen·bleiben (Sit) blieb liegen, ist liegen geblieben 99
literarisch 27
e Literatur, -en 39
locken jmd_A Dir 38
logisch 93
r Lohn, ˝e 57, 93, 98
e Lohnabrechnung, -en 57
e Lohnsteuer, -n 57
Lokales 100
r Lokalteil, -e 98

154 einhundertvierundfünfzig

lösen *ein Problem* 31
r Löwe, -n 22, 96
e Lücke, -n 104
r Luftdruck 75
e Luftströmung, -en 75
lügen log, hat gelogen
  18, 51, 71

M

s Magazin, -e 36
e Magd, ⸚e 127
mähen *etw_A* 127
s Make-up, -s 13
manch- 16, 24, 27, 44, 84
männlich 113
s Manuskript, -e 128
s Märchen, - 41, 110
s Maschinenschreiben 27
e Massendemonstration,
  -en 105
s Material, -ien 52
e Mathematik 27
mathematisch 27
r Mediziner, - 55
e Meeresluft 75
e Mehlspeise, -n 126
mehr 13, 20, 24, 29, 32,
  41
e Mehrarbeit 57
mehrer- 31, 52, 54
e Mehrheit, -en 101, 105,
  113
e Mehrwertsteuer 101
mein- 12
meinetwegen 18, 89
Mein Gott! 120
mein Lieber 72
e Meinung, -en 13, 17, 44,
  63, 101, 107
r Meister, - 66
e Meisterschaft, -en 100
s Meisterwerk, -e 36
e Menge, -n 81
s Menü, -s 66, 124
e Messe, -n 87
mexikanisch 36
s Militär 125, 127
e Milliarde, -n 101
r Millionär, -e 39
mindestens 28
Mini- 36, 48
r Minister, - 102
r Ministerpräsident, -en
  101, 102
minus 75
e Mischung, -en 81
r Mist 58
e Mistkarre, -n 58
mit·gehen *(mit jmd_D)*
  ging mit, ist mitgegangen
  71

s Mitglied, -er 102, 104,
  119
mit·machen *(bei etw_D)*
  78
mit·schicken *etw_A* 110
mit·singen sang mit, hat
  mitgesungen 116
r Mitspieler, - 89
s Mittelgebirge, - 78, 79
mittler- 17
e mittlere Reife 26
mobil 82
e Mobilität 80
s Modalverb, -en 25
e Mode, -n 91, 92
e Modeboutique, -n 92
s Modell, -e 48
r Modelldialog, -e 64
r Moderator, -en 39
r Modetipp, -s 13
modisch 13
möglich 44, 106
r Moment, -e 115
e Monarchie, -n 103
monatlich 57
s Monatsgehalt, ⸚er 31,
  33, 55, 57
r Mond, -e 41
e Montage 52, 53
montags 56
r Mord, -e 38
r Mörder, - 38
e Mordserie, -n 38
s Motiv, -e 91
r Motor, -en 47, 86
e Motorleistung, -en 48,
  51
s Motto, -s 82
e Mühle, -n 125
r Müll 80, 81, 82, 83
r Müllcocktail, -s 81
e Mülldeponie, -n 81
r Mülleimer, - 83
e Müllreduzierung 82
e Mülltonne, -n 82
e Mülltrennung 83
e Müllverbrennungsanlage,
  -n 81, 82
r Musikant, -en 43, 45
r Musiker, - 44, 45
e Musikgruppe, -n 44
e Musiksendung, -en 39
r Musikterror 44
s Muster, - 64
r Mut 13, 91
Mwst. = e Mehrwertsteuer
  48

N

na 20, 34, 50, 58, 64
s Nachbarland, ⸚er 78

e Nachbarschaft, -en 119
e Nachbarsfamilie, -n 119
nachher 13
nach·machen *jmd_D etw_A*
  117
e Nachricht, -en 35, 40,
  65, 98, 106
nächsthöher- 27
e Nachtarbeit 55, 56
r Nachteil, -e 28, 33, 48,
  56, 111
e Nachtschicht, -en 55,
  56
r Nachtwächter, - 22, 23
nackt 92
nahe bei 126
in der Nähe von 96
nähen *etw_A* 126
nähere 112
e Nahrung 126
nämlich 46, 81
nass 58, 74, 127
national 102
nationalistisch 103
r Nationalsozialist, -en
  127
e NATO 104
naturwissenschaftlich 27
r Nazi, -s 127
r Nebel 74, 75, 76
r Neffe, -n 71
negativ 30
nehmen *jmd_A/etw_A*
  nimmt, nahm, hat
  genommen 91
r Nerv, -en 54
auf die Nerven gehen 83
e Nervosität 55
r Nettolohn, ⸚e 57
was Neues 96
neugierig 38, 61
neutral 104
e Nichte, -n 71
r Nichtmacher, - 46
e Nichtraucherin, -nen
  118
nichts können *für etw_A*
  20
r Nichtstuer, - 43
nie wieder 120
noch etwas 93
noch nicht 78
Nordwest 75
s Normalbenzin 48
normalerweise 88
e Note, -n 32, 36
notwendig 34, 89, 101
nun 34, 58
nützen *(jmd_D) etw_A* 33,
  44

O

ob 41
obwohl 24, 29, 40, 55, 63
r Ofen, ⸚ 114
offen 16, 91, 93, 126
offenbar 116
offenlassen *etw_A* lässt
  offen, ließ offen, hat
  offengelassen 44
öffentlich 44, 82
e Öffentlichkeit 120
öffnen *etw_A* 54, 105, 106
öfter 67, 78, 84
ohnmächtig 106
e Ohrfeige, -n 68, 70
ökologisch 106
r Onkel, - 71
r Opa, -s 71, 110
e Operation, -en 98
s Opfer, - 38
e Opposition 101
e Oppositionsgruppe, -n
  105
ordentlich 84, 96
e Ordnung 44
organisieren *etw_A* 119
oval 10
r Ozean, -e 89

P

s Paar, -e 63, 67, 116, 118
paar 38, 55, 75, 91
s Päckchen, - 99
r Pakt, -e 104
e Panne, -n 47, 49
s Panorama, Panoramen
  36
s Pantomimen-Spiel 43
r Pantomimenkurs, -e 44
e Pantomimin, -nen 43
r Panzer, - 105
s Papier 81, 89, 92
r Papierkorb, ⸚e 43
e Pappe 82
r Papst, ⸚e 124
s Pärchen, - 120
parlamentarisch 103
e Parlamentskammer, -n
  102, 103
e Parodie, -n 38
e Partei, -en 97, 101, 103
e Partnerarbeit 56
r Passant, -en 45
passend 38
r Pensionär, -e 112, 119
e Pensionierung 119
per 38
s Personal 32, 57
persönlich 40, 57, 78
e Persönlichkeit, -en 31

e Pfandflasche, -n 82
r Pfarrer, - 9
r Pfennig, -e 43
e Pflanzenerde 81
s Pflanzengift, -e 81
e Pflege 112
s Pflegeheim, -e 112
pflegen *jmd*$_A$ 54, 109
s Pflegepersonal 113
e Pflegeversicherung, -en 57, 112
s Pflichtfach, ¨er 27
e Physik 27
e Pistole, -n 38
r Plan, ¨e 93
planen *etw*$_A$ 89
s Plastik 81, 82
r Plastikbecher, - 83
s Plastikgeschirr 82
r Plastiksack, ¨e 82
e Plastiktüte, -n 81
e Plastikverpackung, -en 82
plus 36, 55, 92
politisch 36, 39, 42, 95, 101, 102, 105
r Pop 36
r Popsänger, - 23
positiv 93, 104
s Postfach, ¨er 31, 79
r Poststreik, -s 99
s Praktikum, Praktika 93, 95
e Praxis 24, 36
um keinen Preis 120
r Preiskrieg, -e 98
preiswert 48
e Presse 98, 101
e Pressekonferenz, -en 106
pressen *etw*$_A$ 52
e Presseschau, -en 36
r Presslufthammer, ¨ 84
s Prestige 33
s Privatleben 91
r Privatlehrer, - 68
r Privatzahler, - 112
r Problemfilm, -e 39
r Problemmüll 81
produzieren *etw*$_A$ 81, 82, 113
s Programm, -e 37, 39, 65
e Programmvorschau, -en 36
promovieren 34
r Prospekt, -e 49
r Protest, -e 105
s Prozent, -e 63, 78, 81
r Prozess, -e 17
prüfen *etw*$_A$ 32, 50, 86, 87

s PS = e Pferdestärke 48
r Psychiater, - 40
r Psycho-Test, -s 16
e Psychologe, -n 55
e Psychologie 29
e Psychologin, -nen 29, 40
psychologisch 124
r Pullover, - 86, 87
r Punk, -s 17, 18, 19
r Punkt, -e 16
pünktlich 16, 54, 60
e Pünktlichkeit 60
e Punktzahl, -en 27

Q

e Qualität, -en 45

R

raten *jmd*$_D$ *etw*$_A$ rät, riet, hat geraten 40
r Ratgeber, - 39
r Rathausmarkt 43
r Rauch 123
r Raucher, - 98
s Rauchgas, -e 81
raus·gehen ging raus, ist rausgegangen 126
reagieren 91
e Reaktion, -en 81
r Realschulabschluss, ¨e 27, 28, 30, 32
e Realschule, -n 26, 27, 28
r Realschüler, - 28
s Rechnungswesen 27
s Recht, -e 44
recht 19, 51, 70, 127
r Rechtsanwalt, ¨e 17
e Rechtslehre 27
recyceln *etw*$_A$ 82
s Recycling 81, 82
reden 20, 44, 61, 116
e Reform, -en 101
s Regal, -e 114
e Regel, -n 91
regelmäßig 43, 57, 71
e Regelung, -en 106
r Regen 74, 75, 76
r Regenschauer, - 75
r Regenwald, ¨er 75
regieren 114
r Regierende Bürgermeister, - 106
e Regierung, -en 97, 101, 104
r Regierungschef, -s 102, 103
e Regierungskrise, -n 98, 100

Regional- 36, 39, 103
es regnet 74
r Reifen, - 47, 49, 53
e Reihenfolge 52, 83
r Reim, -e 122
e Reisegruppe, -n 89
e Reisekrankenver-sicherung, -en 86
s Reisemagazin, -e 92
e Reiseplanung, -en 87
r Reiseprospekt, -e 86
r Reisescheck, -s 86, 87, 89
r Reisewetterbericht, -e 76
r Rekord, -e 117
e Religion, -en 27, 39
e Religionslehre 27
r Rennfahrer, - 23
e Rente, -n 31
e Rentenversicherung, -en 57, 113
e Reparatur, -en 47, 48, 51
e Reportage, -n 36, 91, 92
r Reporter, - 86, 99, 116
repräsentativ 102
e Republik, -en 79, 103, 104
reservieren *etw*$_A$ (für *jmd*$_A$) 85, 86, 87, 88
e Reservierung, -en 93
r Restmüll 82
retten 89
r Revolver, - 36
s Rezept, -e 124
r Rhythmus, Rhythmen 42
riechen *etw*$_A$ roch, hat gerochen 84
riskant 36, 38
r Roboter, - 52, 53
röcheln 126
r Rock 36, 42
r Rock, ¨e 7, 13, 14, 15
r Rohstoff, -e 81
s Rollenspiel, -e 28
r Roman, -e 124
e Rose, -n 36
r Rost 52
rothaarig 12
RTL 36
rüber·schauen 120
e Rubrik, -en 98
r Rückblick, -e 117
r Rücktritt, -e 101
r Rücktrittswunsch, ¨e 101
r Ruf, -e 105
rund 10, 13, 54, 126
e Rundreise, -n 79
runter·hauen 126

S

sabotieren *etw*$_A$ 17
e Sahara 89
s Salz 89, 125
r Sammelcontainer, - 82
sammeln *etw*$_A$ 43, 81
e Sammelstelle, -n 81, 82
samstags 33, 45
e Samstagsarbeit 57
r Sand 122
satthaben *etw*$_A$ 126
e Sau, ¨e 126
e Sauberkeit 80
sauer 128
schädlich 84
r Schadstoff, -e 82
s Schäfchen, - 41, 120
schaffen *etw*$_A$ 29, 91, 107
schämen *sich*$_A$ 120
schätzen *etw*$_A$ 29
s Schaufenster, - 106
r Scheibenwischer, - 49
scheinbar 38
scheinen schien, hat geschienen 78
s Schema, -ta 102
e Scheu 91
e Schicht, -en 55
r Schichtzuschlag, ¨e 55
schief 20
e Schiffbauingenieurin, -nen 93
schimpfen 65, 66, 126
r Schirm, -e 86, 89
schlafen gehen 71
e Schlafstörung, -en 55
schlagen *jmd*$_A$ schlägt, schlug, hat geschlagen 124, 126
r Schlager, - 42
e Schlagzeile, -n 98, 100, 119
schließen *etw*$_A$ schloss, hat geschlossen 104
schließlich 20, 69, 88, 91, 104, 118
schlimm 28, 44, 56, 72
r Schlüssel, - 86
schmecken *nach etw*$_D$ 84
schmutzig 24, 30, 54
r Schnee 74, 75, 76, 78, 88
es schneit 74, 75, 122
r Schnellkurs, -e 43
r Schock, -s 124
e Schönheit, -en 80
r Schoß 128
e Schreibmaschine, -n 31

r Schreiner, - 114
r Schulabschluss, -e 28
Schulaufgaben (Plural) 110
e Schuld, -en 20, 101
s Schulfach, -er 27
s Schuljahr, -e 26, 27, 28
r Schulleiter, - 27
s Schulsystem, -e 26, 27
e Schulzeit 69
e Schürze, -n 127
schütten etw_A (Dir) 126
schützen 52
schwach 48, 70, 75
r Schwager, - 71
e Schwägerin, -nen 71
schwarzhaarig 7, 8
schweißen etw_A 52, 53
e Schweiz 36, 38
r Schweizer, - 36, 86
schwermachen 17
e Schwiegermutter, - 127
schwierig 36, 90, 111, 117, 124
e Schwierigkeit, -en 91
e See, -n 78
s Sehnen 123
e Seife, -n 86, 89, 115
s Seil, -e 89
seitdem 107
s Seitenteil, -e 52
s Sekretariat, -e 112
r Sekt 106
selbstständig 24, 31, 54, 69, 91, 104
e/r Selbstständige (ein Selbstständiger), -n 54
selten 12, 33, 43, 61, 75, 114
s Semester, - 29, 34
e Sendezeit, -en 39
e Sendung, -en 36, 37, 39
r Senior, -en 112
s Seniorenheim, -e 112
s Seniorentreffen, - 112
senken sich_A 126
e Sensation, -en 106
e Sense, -n 127
e Serie, -n 36, 37, 125
servieren etw_A 38
setzen sich_A (Dir) 65, 116, 128
sexuell 124
e Show, -s 36, 39
r Showladen, - 36
e Sicherheit 33, 93, 112
siehe 36
silbern 116
e silberne Hochzeit 109
singen (etw_A) sang, hat gesungen 36, 42, 71, 116

r Sinn 41
sinnlos 81
e Situation, -en 38
r Skandal, -e 100
r Skischuh, -e 87
r Smog 84
s Sofa, -s 69
sogar 93
sogenannt- 82, 105, 120
solch- 43
r Solidaritätszuschlag, -e 57
r Sommer, - 65, 73, 75
r Sondermüll 82
r Sonnenschein 41
r Sonnenschirmvermieter, - 92
sonnig 75, 76
sonst 18, 29, 50, 56, 75, 95
sonstiges 57
e Sorge, -n 12, 93
sorgen für jmd_A/etw_A 55, 105
sortieren 81, 82
e Soße, -n 65
so weit sein 105
sowieso 45, 127
sowjetisch 105
e Sowjetunion 104
sowohl ... als auch ... 91
s Sozialamt, -er 112
r Sozialarbeiter, - 119
r Sozialdemokrat, -en 101
sozialdemokratisch 103, 105
sozialistisch 103, 105
e Sozialkunde 27
Sozialleistungen (Plural) 31
sozialökonomisch 103
s Sozialwesen 27
Spanisch 101
sparen 62, 101, 114
später- 104, 116
e Spezialität, -en 44
speziell 82, 112
r Spielfilm, -e 35, 37, 38, 65
e Spielshow, -s 36
s Spielzeug, -e 82
spontan 93
sportlich 11, 13
s Sprachinstitut, -e 32
Sprachkenntnisse (Plural) 31, 90
r Sprachkurs, -e 90
sprachlich 27
s Sprachpraktikum, -praktika 32
r Sprecher, - 106

springen sprang, ist gesprungen 123
spritzen etw_A 52
r Spruch, -e 12
staatlich 27, 54
r Staatsbesuch, -e 101
r Staatschef, -s 102, 103
s Stadion, Stadien 64, 98
städt. = städtisch 27
e Stadtmitte 112
r Stadtrand 112
e Stadtsparkasse, -n 57
r Stadtteil, -e 99
s Stadtzentrum, -zentren 99
e Stallarbeit, -en 127
stammen 101, 117
e Stammkneipe, -n 66
standesamtlich 127
r Star, -s 98
e Statistik, -en 113
statt 119
stecken Sit 16
stehen jmd_D stand, hat gestanden 13
stehen bleiben blieb stehen, ist stehen geblieben 43
steigen stieg, ist gestiegen 95, 113, 123
e Stelle, -n 17, 24, 28, 34, 54, 84, 90
stellen eine Frage 56, 90
s Stellenangebot, -e 17, 31
e Stellensuche 17, 29
r Sterntaler, - 36
e Steuer, -n 48, 95, 101
r Steuerskandal, -e 98
e Stewardess, -en 21, 23, 38
s Stichwort, -er 56, 66, 118
e Stimme, -n 101, 113
e Stimmung, -en 106
r Stoff, -e 81, 82
stolz 117
e Straßenbahn, -en 98
e Strecke, -n 81
streicheln jmd_A 124
s Streichholz, -er 89
r Streik, -s 105
streiken 98, 100
streiten sich_A (mit jmd_D) stritt, hat gestritten 59, 62, 118
streng 67, 70
r Strumpf, -e 7, 13
e Studentendemonstra- tion, -en 105
s Studio, -s 36
stundenlang 116

r Stundenlohn, -e 55
e Subvention, -en 101
Süddeutschland 75
r Südosten 78, 79
Südwest 75
e Summe, -n 57
Super 47
s Superbenzin 48
sympathisch 8, 13, 31
s System, -e 101
e Szene, -n 36

T

den ganzen Tag 75
e Tagesschau 36
Tagesthemen (Plural) 36
e Talkshow, -s 36, 39
r Tank, -s 51
tanken 51, 86
r Tankwart, -e 51, 54
e Tankwartin, -nen 54
r Tänzer, - 118
r Tanzsalon, -s 117
s Taschentuch, -er 82
e Tätigkeit, -en 119
r Tatort, -e 36, 38
e Tatsache, -n 72
tatsächlich 46
e Tatwaffe, -n 38
tauchen 96
taumelbunt 123
Tausende 104, 105
s Taxi, -s 56
r Taxifahrer, - 24, 56, 92
s Team, -s 31
s Technische Zeichnen 27
r Techno 42
r Teddybär, -en 86
s Teil, -e 10, 52, 53
e Teilnahme 27
e Tele-Illustrierte, -n 36
s Telefonbuch, -er 89
e Telefonrechnung, -en 62
e Telefonzentrale, -n 34
s Temperament, -e 12
e Temperatur, -en 75, 76
r Tennisplatz, -e 31
testen etw_A 48, 54
e Textilarbeit, -en 27
s Theaterstück, -e 35
e Theaterwissenschaft, -en 91, 92
e Theke, -n 44
s Thermometer, - 75
s Tief, -s 75
s Tiefdruckgebiet, -e 75
r Titel, - 122, 128

e Tochter, ⁻ 16, 38, 55, 70, 110
toll 24, 65, 66
e Tonne, -n 81
tot 38, 64, 84, 110, 111
e/r Tote (ein Toter), -n 38
töten jmd_A 64
e Tragödie, -n 38
r Traumberuf, -e 25
e Traumehe, -n 116, 118
r Traumjob, -s 29
traurig 7, 41, 45, 106, 110
e Trauung, -en 117
treiben trieb, hat getrieben 123
treiben Sport trieb, hat getrieben 71
trennen sich_A (von jmd_D) 54, 81
e Trennung, -en 117
treu 12
e Trickfilmschau 36
trostlos 123
trunken 123
tschechisch 79
tüchtig 96
e Tüte, -n 82, 83
r Typ, -en 16, 17, 38, 48

U

e U-Bahn, -en 64
e Übelkeit 84
überfahren jmd_A / etw_A überfährt, überfuhr, hat überfahren 38
übergeben jmd_D etw_A übergibt, übergab, hat übergeben 127
überqualifiziert 91
überraschen jmd_A 78
e Überstunde, -n 55
e Überweisung, -en 57
überwiegend 57
überzeugen jmd_A 89
überzeugt 51, 64
übrig bleiben blieb übrig, ist übrig geblieben 126
um die Zeit 96
e Umfrage, -n 33
r Umschlag, ⁻e 43
r Umweg, -e 34
umweltbewusst 93
s Umweltbewusstsein 93
s Umweltproblem, -e 100
r Umweltschutz 82
um zu 91
unabhängig 104
und so weiter 120
r Unfall, ⁻e 47
r Unfallwagen, - 49

unfreundlich 60, 92
ungesund 75
ungewöhnlich 34, 36, 116
s Unglück, -e 38
unglücklich 38, 40, 110
unhöflich 61
e Uni, -s 29
uninteressant 39
unkontrollierbar 81
e Unordnung 65, 66
unregelmäßig 54
unruhig 43, 60, 123
uns 64
unsportlich 11
unsympathisch 8, 33
unterhalten sich_A mit jmd_D über etw_A unterhält, unterhielt, hat unterhalten 42, 61, 65, 71, 111
e Unterhaltung 36, 39
s Unternehmen, - 31
unterschiedlich 54, 56
unterschreiben etw_A unterschrieb, hat unterschrieben 100, 104, 105
unterstreichen etw_A unterstrich, hat unterstrichen 11
untersuchen etw_A 86
e Untersuchung, -en 38, 63
unter uns 95
unverheiratet 67
unwichtig 33, 70, 89
unzufrieden 24, 25, 62
e Urgroßmutter, ⁻ 68, 70, 71
r Urgroßvater, ⁻ 71
s Urlaubsgeld 31, 55, 57
r Urlaubsplan, ⁻e 93, 96
r Urlaubstipp, -s 92
e Ururenkelin, -nen 69
e Ururgroßmutter, ⁻ 69
usw. 52, 57

V

r Vagabund, -en 43
verabreden sich_A mit jmd_D 118
verabschieden sich_A von jmd_D 105
r Verbrauch 48, 50
verbrauchen etw_A 49
s Verbrechen, - 100
verbrennen etw_A verbrannte, hat verbrannt 81, 82
e Verbrennung, -en 81

verbringen Zeit mit jmd_D verbrachte, hat verbracht 66
verdammt 58
r Verdiener, - 57
s Verdienst 33, 54
r Verein, -e 98, 115
s Vereinsmitglied, -er 119
e Verfassung, -en 101
e Verfassungsänderung, -en 101
e Vergänglichkeit 123
vergehen verging, ist vergangen 123
r Verkaufsdirektor, -en 31
s Verkehrsmittel, - 57
e Verkehrsregel, -n 54
verkleinern etw_A 101
e Verlagskauffrau, -en 63
s Verlangen 123
verlangen etw_A 18, 55, 101
verlängern etw_A 86, 87
r Verleger, - 128
verletzt 98
e Verletzung, -en 98
verlieben sich_A (in jmd_A) 42, 59, 91, 118
verloben sich_A (mit jmd_D) 64, 117, 118
e/r Verlobte (ein Verlobter), -n 64
vermeiden etw_A vermeidet, vermied, hat vermieden 82
vermitteln jmd_D jmd_A/etw_A 119
e Vermittlungsgebühr, -en 119
e Vermögensbildung 57
e Verpackung, -en 81
verreisen 106, 117
verschieden- 28, 76, 78, 94
e Verschwendung 81
e Versicherung, -en 48, 57, 86, 90
e Versicherungskarte, -n 86
e Versicherungspolice, -n 54
versorgen 54, 112, 113
versprechen (jmd_D) etw_A verspricht, versprach, hat versprochen 31, 50, 116
r Verstand 94
r Verstärker, - 44
verstecken etw_A (Sit) 38, 91, 127

verstehen etw_A unter etw_D verstand, hat verstanden 82
versuchen etw_A 50, 60, 61, 62, 71, 91
r Verteiler, - 58
r Vertrag, ⁻e 104
e/r Verwandte (ein Verwandter), -n 95, 105, 107, 115
e Verzeihung 51
r Videofilm, -e 112
s Vieh 127
viele 17, 24, 30, 43, 67
Vielen Dank! 50
vierköpfig 57
viertägig 101
s Viertel, - 36
s Visum, Visa 86, 90
r Vizepräsident, -en 100
s Volk, ⁻er 102, 106
e Volksfeststimmung 106
r Volkslauf, ⁻e 119
s Volkslied, -er 79
e Volksmusik 42
voll- 12
vollmachen etw_A 51
vorbei 93, 116, 125
vorbereiten sich_A/jmd_A auf etw_A 54
e Vorhersage, -n 75
vorhin 72
vorige 88
vormittags 55
vorne 50
r Vorort, -e 112
vorrücken 27
r Vorschlag, ⁻e 101
vor·schlagen (jmd_D) etw_A schlägt vor, schlug vor, hat vorgeschlagen 102, 104
e Vorsicht 58
vor·stellen sich_D etw_A Adj 9, 112, 127
e Vorstellung, -en 43
r Vorteil, -e 28, 33, 48, 56, 111
s Vorurteil, -e 12, 16, 64
vorwärts 31

W

wachen 123
e Waffengewalt 104
e Wahl, -en 101, 103
r Wähler, - 102
s Wahlgesetz, -e 101
s Wahlpflichtfach, ⁻er 27
s Wahlrecht 98, 101
s Wahlsystem, -e 102
r Wahlunterricht 27

während 105
während (Subjunktor)
  114
e Wahrheit, -en 20
wahrscheinlich 46, 101
s Warenlager, - 54
warnen *jmd_A vor etw_D*
  55
r Warschauer Pakt 104
weder ... noch ... 88
r Weg, -e 38, 89, 105, 122
wegen 84, 98, 99
weg·gehen ging weg, ist
  weggegangen 65, 66,
  71
weg·werfen *etw_A* wirft
  weg, warf weg, hat
  weggeworfen 80
weiblich 113, 126, 127
weich 13, 122
Weihnachtsferien (Plural)
  38
weil 23, 28, 32, 42, 65
weinen 43, 65, 127
weit 42, 122
weiter- 9, 29, 51, 55, 87,
  111
r Weltkrieg, -e 103, 104,
  117
wenige 43, 67, 75, 78,
  105, 116
e Werbung 36
werden wird, wurde, ist
  geworden / ist worden
  (Passiv) 22, 29, 40, 43,
  52
werfen *etw_A (Dir)* wirft,
  warf, hat geworfen 81,
  83, 93
s Werken 27
r Wertverlust, -e 48
westlich 105
wetten 39
s Wetter 36, 40, 43, 73,
  75, 76, 78

r Wetterbericht, -e 75, 76
e Wetterlage, -n 75
e Wiederholung, -en 36
wieder·kommen 17
e Wiedervereinigung 105,
  106
wiegen *etw_A* wog, hat
  gewogen 86
wieso 128
wild 36
r Wind 74, 75, 76
wirken 13
e Wirklichkeit, -en 19
e Wirtschaft 29, 39, 78,
  98, 100, 101, 104, 105
wirtschaftlich 104, 105
e Wirtschaftslehre 27
s Wirtschaftstelegramm, -e
  36
e Wissenschaft, -en 39
woanders 45
wohlfühlen *sich_A (Sit)*
  65
e Wohngemeinschaft, -en
  111, 119
wohnlich 112
e Wolke, -n 122
wolkenlos 75
wolkig 75, 76
e Wolldecke, -n 89
s Wörterverzeichnis, -se
  42
s Wunder, - 124
r Wunschberuf, -e 92
wünschen *sich_D etw_A*
  (von jmd_D) 51, 110, 111
e Wunschliste, -n 33
würd- 32, 40, 42
e Wüste, -n 75, 89

Z

zahlen *etw_A* 18, 19
zählen *etw_A* 122
r Zahnarzt, ⸚e 21

e Zahnbürste, -n 86, 89
e Zahnpasta, -pasten 86
z. B. 54
s ZDF 36
e Zeichenerklärung, -en
  75
r Zeichentrickfilm, -e
  36
e Zeichentrickserie, -n
  36
e Zeitleiste, -n 104, 105
r Zeitraum, ⸚e 57
e Zeitschrift, -en 54, 128
r Zeitungsartikel, - 56,
  119
r Zeitungstext, -e 101
Zentralafrika 81
e Zentrale, -n 78, 79
zerreißen *etw_A* zerriss,
  hat zerrissen 126
s Zeugnis, -se 27, 91
e Zeugnisnote, -n 27
ziehen *von Stadt zu*
  Stadt zog, ist gezogen
  43, 119
s Ziel, -e 101, 103
r Zirkus, -se 36
e Zirkusnummer, -n 36
r Zollbeamte, -n 98
r Zoo, -s 110
r Zoodirektor, -en 22
zu lesen geben gibt, gab,
  hat gegeben 128
s Zubehör 54
r Zubehörhandel 54
r Zug, ⸚e 52, 87
zu·geben *etw_A* gibt zu,
  gab zu, hat zugegeben
  72
e Zukunft 29, 31, 39, 46,
  95, 107, 113
e Zukunftsangst, ⸚e 29, 30
zuletzt 36, 52
zu·machen *etw_A* 86
zum Glück 110

e Zündkerze, -n 58
zurück·denken *an etw_A*
  dachte zurück, hat
  zurückgedacht 68
zurück·halten *jmd_A/etw_A*
  hält zurück, hielt
  zurück, hat zurück-
  gehalten 81
zurück·treten tritt zurück,
  trat zurück, ist
  zurückgetreten 100
zusammen·fassen *etw_A*
  106
zusammen·hängen *mit*
  etw_D hängt z., hing z.,
  hat zusammengehangen
  84
zusammen·schweißen
  etw_A 52
zusammen·setzen *etw_A*
  52, 101
zusammen·stellen *etw_A*
  37, 128
zusammen·tragen *etw_A*
  trägt z., trug z., hat
  zusammengetragen 90
r Zuschauer, - 39, 43
r Zuschlag, ⸚e 57
zuverlässig 93
zuvor 34
zuweilen 84
zu wenig 13, 107
r Zweck, -e 88
zwei 34
s Zweibettzimmer, - 112
e Zwei-Drittel-Mehrheit,
  -en 101
zweimal 66
zweit- 31
zwingen *jmd_A etw_A zu*
  tun zwang, hat
  gezwungen 126
zz. = zurzeit 29, 64

zu Seite 9, Übung 4: 1 Peter, 2 Klaus, 3 Hans, 4 Uta, 5 Brigitte, 6 Eva
zu Seite 9, Übung 5: Peter und Brigitte, Klaus und Uta, Hans und Eva
zu Seite 37, Übung 1: A: Aerobics, 1.50, RTL; B: Pop-Time, 15.55, RTL; C: Abenteuer Mount Everest,
  20.15, ARD; D: Bilder aus Österreich, 18.00, 3 Sat; E: Zirkusnummern, 15.00, ZDF; F: Familiengericht, 22.45, RTL
zu Seite 103, Politik-Quiz: 1 b, 2 a, 3 a, 4 b, 5 c, 6 b, 7 c, 8 b (2003)

Seite 7: Hintergrundbild: Deutsches Filminstitut, Frankfurt; Masken (traurig, fröhlich, hübsch): MHV-Archiv (MEV); (häßlich): Austrian Views/Wiesenhofer

Seite 17: Foto: Franco Zehnder, Leinfelden-Echterdingen; Text: STERN – Michael Ludewigs

Seite 18: Foto: Werner Bönzli, Reichertshausen

Seite 21: Foto 7: Polizeipräsidium München (Peter Reichl); 8: © Peter Pfander/Lufthansa; 4, 5: MHV-Archiv (MEV)

Seite 23: Ballerina: MHV-Archiv (EyeWire), Cowboy: © Texas Tourism c/o Mangum Management GmbH, Boxer: Boxclub Markranstädt (Brigitte Berger); Kapitän: Archiv Chiemsee Tourismus (Florian Werner); Stewardess: © Peter Pfander/Lufthansa; Astronaut/Rennfahrer: MHV-Archiv (MEV)

Seite 24: Foto 1 und 4: MHV-Archiv (Werner Bönzli); 2 und 3: Anahid Bönzli, Tübingen

Seite 26: © Werner Bönzli, Reichertshausen

Seite 29: Foto oben und Mitte: MVH-Archiv (Werner Bönzli); unten: MHV-Archiv (MEV)

Seite 30: Fotos links: MHV-Archiv (Werner Bönzli)

Seite 35: 1: © ARD-aktuell, Tagesschau-Bildarchiv, Hamburg; 2: © Stefan Gregorowius, Leverkusen; 3: DIF Deutsches Filminstitut, Frankfurt; 4: WDR Pressestelle, Köln; 5: (Münchner Kammerspiele) © Andreas Pohlmann, München; 6: NDR/RB; 7: Kino: Birgit Tomaszewski, Ismaning; Werner Bönzli, Reichertshausen; Ballett: (Bayerisches Staatsballett) © Charles Tandy, München; Theater: (Kabarett Stachelbär, Pfaffenhofen) Werner Bönzli, Reichertshausen; Konzert: mit freundlicher Genehmigung der Münchner Philharmoniker, Foto: Ulrike Myrzik

Seite 36: Foto links: Mit freundlicher Genehmigung der Stadtverwaltung Neuwied; rechts: MHV-Archiv (MEV)

Seite 37: A: fit & fun für die Frau, München; B: Rockprojekt, Wuppertal (Kalle Waldinger); C: aus: Reinhold Messner, Alle 14 Achttausender (BLV-Verlag, München) © R. Messner; D: MHV-Archiv (MEV); E: Gerd Pfeiffer, München; F: Stefan Gregorowius, Leverkusen

Seite 38: A: Taurus Film, Unterföhring; B, C, D: DIF Deutsches Filminstitut, Frankfurt; E: WDR/Michael Böhme (ARD/WDR Tatort: „Fakten, Fakten", Fernsehfilm, Deutschland 2002, Buch Wolfgang Panzer, Regie Suzanne Zanke)

Seite 40/41: Fotos: Werner Bönzli, Reichertshausen

Seite 42: Anahid Bönzli, Tübingen

Seite 43: Text: Gabriele Birnstain, Foto: Jörg Jochmann aus: BRIGITTE (Gruner + Jahr, Hamburg)

Seite 47: Tankstelle, Tanken, Fahrschule (mit bestem Dank der Fahrschule Otto Eindl, Garching/b. München): Werner Bönzli, Reichertshausen; Autounfall: MHV-Archiv (MEV); Motor: Prospektmaterial

Seite 48: Volkswagen AG; Citroen Deutschland; DaimlerChrysler AG; BMW AG

Seite 49: Fotos unten 1-4: Anahid Bönzli, Tübingen

Seite 52: Alle Fotos mit freundlicher Genehmigung der Volkswagen AG

Seite 53: Alle Fotos mit freundlicher Genehmigung der Adam Opel AG

Seite 54: Foto 1, 3, 4: Werner Bönzli, Reichertshausen; 2: Aral AG

Seite 55: Foto links: Werner Bönzli, Reichertshausen

Seite 57/95/113: Globus-Infografik, Hamburg

Seite 59: Foto 5: Wolfgang Meierhofer, München

Seite 63: Fotos 1–3: Anahid Bönzli, Tübingen; 4: MHV-Archiv (MEV)

Seite 64: Fotos unten: Anahid Bönzli, Tübingen

Seite 66: Foto links: MHV-Archiv (MEV); rechts: MHV-Archiv

Seite 67: Foto links: AKG, Berlin

Seite 68/69: Fotos mit freundlicher Genehmigung der Familie Offner, München

Seite 73: Hintergrundfoto: MHV-Archiv (MEV)

Seite 74: Fotos A, B, D, E: MHV-Archiv (MEV); C: WDR/Schukow (aus dem Film: Östlich der Sonne von Klaus Bednarz)

Seite 76: Foto links: MHV-Archiv (Wilfried Völker) mit bestem Dank der Familie Kittlitz; rechts: Foto Huber, Radolfzell

Seite 77: alle Fotos: Thomas Bichler, Radolfzell

Seite 81: Foto Mitte: C. F. Maier Europlast, Königsbronn; unten: Bernhard Lang, München

Seite 83: Foto unten rechts: Werner Bönzli, Reichertshausen; links: C. F. Maier Europlast, Königsbronn

Seite 85: Paßkontrolle: dpa; Reisebus: Neoplan, Stuttgart; Fähre: Stena Line, Düsseldorf

Seite 86: Teddybär: Steiff AG; Kohletabletten: www.sanashop.com

Seite 89: Südsee, Wüste: MHV-Archiv (MEV); Antarktis: Arved Fuchs Expeditionen; Bad Bramstedt; alles andere: Prospektmaterial

Seite 90: Foto unten: MHV-Archiv (Chr. Regenfus)

Seite 91: Südfrankreich, Italien: MHV-Archiv (MEV); London: MHV-Archiv (E. Friedrich); 3 Porträts: MHV-Archiv (Werner Bönzli)

Seite 93: Fotos: MHV-Archiv (Chr. Regenfus)

Seite 97: Reichstag: © Presse- und Informationsamt der Bundesregierung/Bundesbildstelle

Seite 99: Feuerwehr: Berufsfeuerwehr München; Ausländerdemo, Poststreik: dpa; Stadtteil: MHV-Archiv (MEV); Junge: Werner Bönzli, Reichertshausen

Seite 100: Öltanker Öltanker, Streik, Unfall, Krieg: dpa; Konzert: Rockprojekt Wuppertal (Kalle Waldinger); Fußball: Foto Rauchensteiner, München

Seite 102: Länderwappen mit freundlicher Genehmigung der 16 Länderregierungen

Seite 104/105/106/107: dpa

Seite 107: Foto unten: MHV-Archiv (MEV)

Seite 109: Fotos Mitte: Werner Bönzli, Reichertshausen

Seite 110: Eva, Wilhelm, Franz: Anahid Bönzli, Tübingen

Seite 116/117: Der Verlag bedankt sich ganz herzlich bei dem Ehepaar Süß (links), dem Ehepaar Rothärmel (oben) und dem Ehepaar Schattenkirchner (unten) für die freundliche Unterstützung der Fotorecherche

Seite 121/122: Werner Bönzli, Reichertshausen

Seite 121: Goethe-Büste: Stiftung Weimarer Klassik, Goethe-Nationalmuseum

Seite 123: Gedicht von Berthold Brecht aus: Werke. Große kommentierte Berliner und Frankfurter Ausgabe, Band 12. © Suhrkamp Verlag, Frankfurt/Main 1988; Gedicht von Hermann Hesse aus: Sämtliche Werke, Band 10: Die Gedichte. © Suhrkamp Verlag, Frankfurt/Main 2001

Seite 124: Freddy Hausmann: Wie Sonne & Mond... Tag & Nacht. Umschlagbild von Peter-Andreas Hassiepen. © Deutscher Taschenbuch Verlag, München 2002; Henning Mankell: Die Rückkehr des Tanzlehrers (Aus dem Schwedischen von Wolfgang Butt) © Paul Zsolnay Verlag, Wien 2002; Marcel Reich-Ranicki: Mein Leben. © Deutsche Verlagsanstalt, München 2001; Robert Hilble, Gabriele Langfeldt-Feldmann: Faszinierende Koi. © Kosmos Verlag, Suttgart 2000; Sabine Sälzer, Sebastian Dickhaus: Basic Cooking, © Gräfe und Unzer, München 2000; Irina Korschunow: Von Juni zu Juni, © Hoffmann und Campe Verlag, Hamburg 1999;

Seite 125ff: Abbildung und Text: © Piper Verlag GmbH, München 1984; Foto: Bettina Böhmer, München

Seite 128: Fotos: DIF Deutsches Filminstitut, Frankfurt

Gerd Pfeiffer, München: Seite 7 (3), 8, 11, 13, 14, 16 (7), 19, 21 (1, 2, 3), 23 (Eisverkäufer, Schauspielerin, Popsänger, Lehrer), 28 (2), 30 (rechts); 31, 32, 45 (6), 47 (Panne, Werkstatt, Kofferraum), 49 (1), 50, 51, 54 (Automechaniker), 55 (rechts), 56 (2), 59 (9), 61, 62 (2), 64 (oben), 65 (2), 67 (rechts), 68 (1), 69 (1), 70, 71, 73 (4), 81 (oben), 83 (6), 85 (4), 86, 87 (4), 88, 89, 90, 94, 98, 99 (Stau), 103, 109 (5), 110 (1), 111, 112, 116 (1), 117 (2).